초등영어 리딩이 된다 Jump 3

지은이	NE능률 영어교육연구소
선임연구원	김지현
연구원	서수진 권영주 김그린
영문교열	August Niederhaus MyAn Thi Le Nathaniel Galletta
디자인	(주)홍당무
내지 일러스트	곽호명 민인숙 안홍준 오즈 조화평 최원선
영업	한기영 주성탁 박인규 정철교 장순용
마케팅	정영소 박혜선 오하야 이승원
제작	한성일 장선진 심현보

Photo Credits Shutterstock

Wikimedia Commons

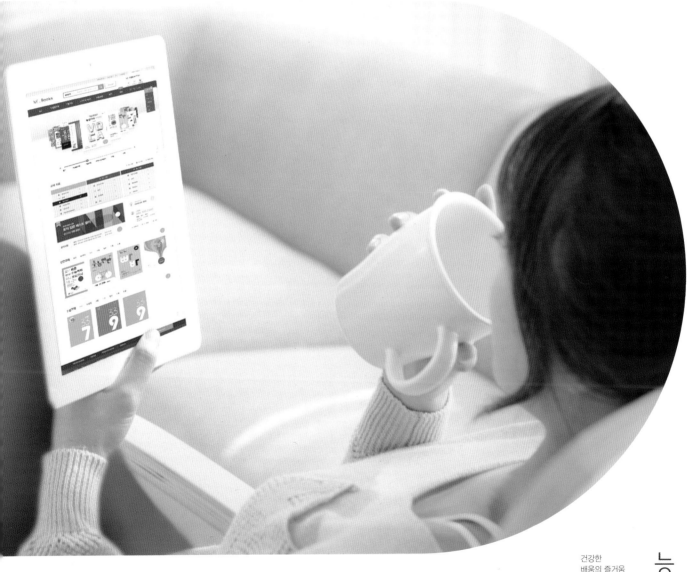

초등영어

리딩이 된다

Jump 3

초등영어 리딩이 된다 로 공부하면?

1 학교에서 배운 지식을 바탕으로 영어 독해를 할 수 있습니다.

영어를 언어 그 자체로 익히기 위해서는 '내용 중심'의 접근이 중요합니다. 〈초등영어 리딩이 된다〉
시리즈는 우리나라 초등학교 교과과정을 바탕으로 소재를 구성하였습니다. 이 책으로 학생들은 이미
알고 있는 친숙한 소재를 통해 영어를 더욱 재미있고 효과적으로 학습할 수 있을 뿐 아니라 교과 지식과
관련된 영어를 자연스럽게 습득할 수 있습니다.

2 통합교과적 사고를 키울 수 있습니다.

초등학생들은 학교에서 국어, 영어, 사회, 과학 등의 과목을 따로 분리하여 배웁니다. 하지만 실생활에서는
학교에서 공부하는 교과 지식이 모두 연관되어 있습니다. 따라서 교과 간의 단절된 지식이 아닌, 하나의
주제를 다양한 교과목의 관점에서 생각할 수 있는 '통합교과적 사고'를 기르는 것이 중요합니다.
〈초등영어 리딩이 된다〉 시리즈는 하나의 대주제를 중심으로 다양한 교과를 연계하여, 영어를 배우면서
동시에 통합적 사고를 키울 수 있습니다.

3 4차 산업혁명의 키워드인 '컴퓨팅 사고력'도 함께 기를 수 있습니다.

최근 4차 산업혁명과 함께 코딩 교육을 향한 관심이 높아지고 있습니다. 이러한 트렌드의 핵심은 단순히
코딩 기술을 익히는 것이 아닌, 컴퓨팅 사고력과 창의성을 통해 주어진 문제의 본질을 파악하고 이를
해결하는 능력을 기르는 것입니다. 〈초등영어 리딩이 된다〉 시리즈는 매 Unit의 Brain Power 코너를
통해 배운 내용을 정리하는 동시에 컴퓨팅 사고력을 기를 수 있도록 구성하였습니다.

초등영어 리딩이 된다 이렇게 공부하세요.

1. 자신 있게 학습할 수 있는 단계를 선택해요.

〈초등영어 리딩이 된다〉 시리즈는 학생 개인의 영어 실력에 따라 단계를 선택하여 학습할 수 있는 교재입니다. 각 권별 권장 학년에 맞춰 교재를 선택하거나, 레벨 테스트를 통하여 자신의 학습 상황에 맞는 교재를 선택해 보세요. www.nebooks.co.kr/leveltest 에 접속해서 〈초등영어 리딩이 된다〉 레벨 테스트를 무료로 응시하고 나에게 딱 맞는 교재를 추천받으세요.

2. 나만의 학습 플랜을 짜보아요.

책의 7쪽에 있는 학습 플랜을 참고해서 나만의 학습 계획표를 짜 보세요. 한 개 Unit을 이틀에 나눠서 학습하는 24일 완성 플랜과, 하루에 한 개 Unit을 학습하는 12일 완성 플랜 중 꼭 지킬 수 있는 플랜을 선택하여 계획을 세우고, 실천해 보세요!

3. 다양한 주제에 관한 생각을 키워요.

Chapter나 Unit을 시작할 때마다 주제에 관해 생각해볼 수 있는 다양한 질문이 수록되어 있습니다. 이 질문들에 답을 하는 과정에서 다양한 주제에 관한 배경지식을 활성화시켜 학습에 대한 집중도와 이해도를 더 높일 수 있어요!

4. 리딩에 나올 단어들을 반복해서 암기해요.

〈초등영어 리딩이 된다〉 시리즈는 본격적인 리딩을 시작하기 전, 리딩에 나오는 단어들을 먼저 학습할 수 있도록 구성되어 있습니다. 단어를 암기한 후 리딩을 시작하면 리딩 내용에 집중하는 데 큰 도움이 됩니다. 단어들을 미리 다 암기하지 못한다면 리딩을 하는 동안 책 뒷부분의 단어장을 같이 이용해보세요. 리딩에 나오는 주요 단어들의 뜻을 바로 확인할 수 있어 직독직해에 도움을 얻을 수 있어요.

5. 무료 온라인 부가자료를 활용해요.

영어는 반복이 중요합니다. NE능률 교재 홈페이지 www.nebooks.co.kr 에서 제공되는 통문장 워크시트, 직독직해 워크시트, 어휘 테스트지를 활용하여 배운 내용을 복습해 보세요.

구성 및 활용법

STEP 01 Ready

① 하나의 대주제로 과목들이 어떻게 연계되어 있는지 한눈에 파악할 수 있습니다.

② 본격적인 학습 전 Chapter의 대주제와 관련된 설명을 읽고 Chapter에서 배울 내용을 파악할 수 있습니다.

③ Chapter 대주제와 관련된 질문에 답하며 뒤에 이어질 내용을 생각해봅니다.

STEP 02 Words

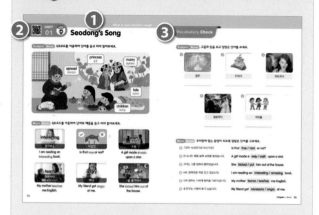

Unit의 새로운 단어를 배우고 활동들을 통해 단어를 익힐 수 있습니다.

① Unit과 관련된 질문에 답하며 뒤에 이어질 내용을 생각해봅니다.

② QR코드를 스캔하여 Unit에서 배울 주요 단어를 듣고 따라 읽어봅니다.

▶ Subject Words: 이야기와 관련된 주제 단어를 머릿속으로 시각화하여 익힙니다.

▶ More Words: 기타 주요 단어들을 사진과 예문으로 익힙니다.

③ 두 가지 유형의 어휘 문제를 통해 단어를 정확히 알고 있는지 확인 합니다.

STEP 05 Wrap UP!

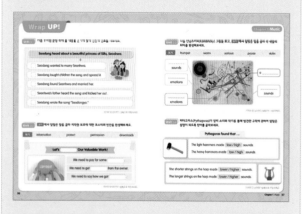

한 Chapter가 끝나면 Wrap UP! 문제를 통해 다시 한번 Chapter의 내용을 복습합니다.

+α 추가 학습자료 Workbook

매 Unit 학습 후 워크북으로 주요 단어와 핵심 문법을 복습할 수 있습니다.

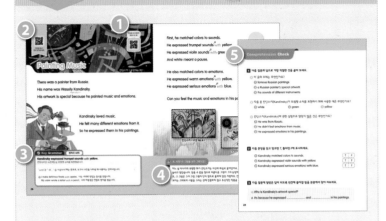

STEP 03 Reading

Unit에서 새롭게 배울 이야기를 읽고 확인 문제를 풀어봅니다.

1️⃣ 이야기와 관련된 음악이나 영상 QR코드가 있는 경우 먼저 감상합니다.

2️⃣ QR코드를 스캔하여 이야기를 듣고 따라 읽어봅니다.

3️⃣ 이야기에서 쓰인 핵심 문법(Key Grammar)을 배우고, 추가 예문을 통해 다양한 예시도 배웁니다.

4️⃣ 이야기와 관련된 배경지식을 쌓을 수 있습니다.

5️⃣ 글의 주제 찾기, 세부 내용 확인하기, T/F 문제, 영어 질문에 답하기 활동을 통해 앞서 배운 내용을 정리합니다.

STEP 04 Brain Power

재미있는 퀴즈를 풀며 코딩을 위한 컴퓨팅 사고력을 기르고 Unit에서 배운 내용을 점검합니다.

1️⃣ QR코드를 스캔하면 각 문제의 힌트 영상을 볼 수 있습니다.

별책부록 - 단어장

본문의 해석을 돕는 풍부한 단어 리스트가 들어있어, 단어를 예·복습 할 수 있습니다.

모바일 Teaching Guide

QR코드를 스캔하면 지도에 유용한 팁, 배경지식, 관련 영상 등을 활용하여 편리하게 지도하실 수 있습니다.

온라인 레벨테스트

QR코드를 스캔하여 레벨테스트를 응시하면 학생의 학습 상황에 맞는 교재를 추천받을 수 있습니다.

무료 부가서비스

• 통문장, 직독직해 워크시트   • 어휘 테스트지

www.nebooks.co.kr 에서 다운로드하세요!

목차

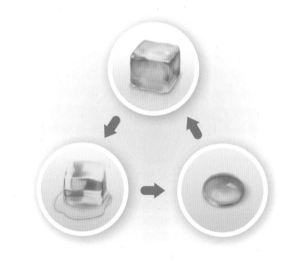

부록

· 단어장   · Workbook / 정답 및 해설 (책속책)

24일 완성
하루에 Student Book 한 개 Unit을 학습하고
다음 날 Workbook 및 온라인 부가자료로 복습하는 구성입니다.

Chapter	Unit	학습 분량	학습 날짜	학습 분량	학습 날짜
Chapter 1	Unit 01	1일차 Student Book	__월 __일	2일차 Workbook	__월 __일
	Unit 02	3일차 Student Book	__월 __일	4일차 Workbook	__월 __일
	Unit 03	5일차 Student Book	__월 __일	6일차 Workbook	__월 __일
	Unit 04	7일차 Student Book	__월 __일	8일차 Workbook	__월 __일
Chapter 2	Unit 01	9일차 Student Book	__월 __일	10일차 Workbook	__월 __일
	Unit 02	11일차 Student Book	__월 __일	12일차 Workbook	__월 __일
	Unit 03	13일차 Student Book	__월 __일	14일차 Workbook	__월 __일
	Unit 04	15일차 Student Book	__월 __일	16일차 Workbook	__월 __일
Chapter 3	Unit 01	17일차 Student Book	__월 __일	18일차 Workbook	__월 __일
	Unit 02	19일차 Student Book	__월 __일	20일차 Workbook	__월 __일
	Unit 03	21일차 Student Book	__월 __일	22일차 Workbook	__월 __일
	Unit 04	23일차 Student Book	__월 __일	24일차 Workbook	__월 __일

12일 완성
하루에 Student Book 한 개 Unit을 학습하고 Workbook으로 정리하는 구성입니다.
온라인 부가자료를 다운받아 추가로 복습할 수 있습니다.

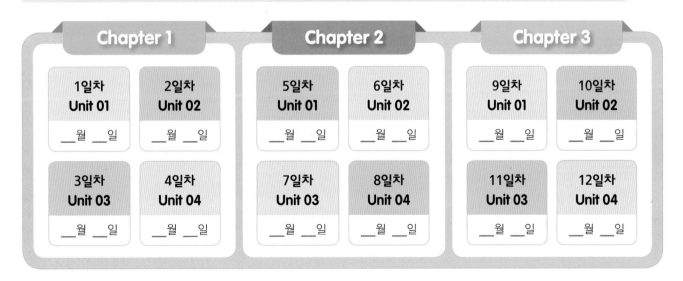

단계	Chapter	대주제	Unit	제목	연계 과목	초등 교육과정 내용 체계	
						영 역	핵심 개념
Jump 1 (90 words) 초등 5-6학년	1	Stars	1	Changing Stars	과학	우주	태양계의 구성과 운동
			2	Twinkle, Twinkle, Little Star	음악	감상	음악의 배경
			3	The Hubble Space Telescope	실과	기술 활용	혁신
			4	The Oldest Observatory in Asia	사회	정치·문화사	삼국의 성장과 통일
	2	Plants	1	Different Areas, Different Plants	사회	자연 환경과 인간 생활	지형 환경
			2	Plants Make Their Own Food	과학	생물의 구조와 에너지	광합성과 호흡
			3	Water Lilies	미술	감상	이해
			4	Numbers in Nature	수학	규칙성	규칙성과 대응
	3	Relationships	1	We Live Together	사회	지속 가능한 세계	갈등과 불균등의 세계
			2	Food Chains and Food Webs	과학	환경과 생태계	생태계와 상호 작용
			3	Good Relationships through Sports	체육	경쟁	경쟁·협동, 대인 관계
			4	Three Friends: Gram, Kilogram, and Ton	수학	측정	양의 측정
Jump 2 (90 words) 초등 5-6학년	1	Money	1	The History of Money	사회	경제	경제생활과 선택
			2	Smart Vending Machine	과학	물질의 성질	물리적 성질과 화학적 성질
			3	Andy Warhol: Art and Money	미술	감상	이해
			4	How Can I Pay?	수학	자료와 가능성	가능성
	2	Salt	1	Salt, the White Gold	사회	경제	경제생활과 선택
			2	Does the Sea Freeze?	과학	물질의 성질	물리적 성질과 화학적 성질
			3	Huge Artwork Made of Salt	미술	감상	이해
			4	Which Seawater Is Saltier?	수학	규칙성	규칙성과 대응
	3	Environment	1	Cars for the Environment	사회	지속가능한 세계	지속가능한 환경
			2	Plastic Island	과학	환경과 생태계	생태계와 상호 작용
			3	Green Buildings in Cities	미술	표현	제작
			4	Special Farming with Ducks	실과	기술 활용	지속가능

단계	Chapter	대주제	Unit	제목	연계 과목	초등 교육과정 내용 체계	
						영 역	핵심 개념
Jump 3 (100 words) 초등 5-6학년	1	Music	1	Seodong's Song	사회	정치·문화사	삼국의 성장과 통일
			2	Copyright	실과	기술 활용	혁신
			3	Painting Music	미술	체험	연결
			4	Math in Harmony	수학	규칙성	규칙성과 대응
	2	Architecture	1	I Want to Be an Architect	실과	기술 활용	적응
			2	Hwaseong Fortress	사회	정치·문화사	전란과 조선 후기 사회의 변동
			3	Gaudi's Unique Architecture	미술	표현	발상
			4	Different Types of Pyramids	수학	도형	입체도형
	3	Ice	1	Water and Ice	과학	물질의 변화	물질의 상태 변화
			2	The Arctic and the Antarctic	사회	자연 환경과 인간 생활	기후 환경
			3	Winter Festivals	미술	체험	연결
			4	Which Piece of Ice Is Bigger?	수학	측정	양의 측정
Jump 4 (100 words) 초등 5-6학년	1	Color	1	How Do We See Colors?	과학	파동	파동의 성질
			2	Purple, the Royal Color	사회	사회·경제사	신분제의 변화
			3	The Three Primary Colors	미술	표현	제작
			4	Eating by Color	실과	가정 생활과 안전	생활 문화
	2	Bread	1	What Makes Bread Soft?	과학	생명과학과 인간의 생활	생명공학 기술
			2	Breads from Around the World	사회	인문환경과 인간 생활	문화의 공간적 다양성
			3	Painter's Bread	미술	표현	제작
			4	Why Are Pizzas Round?	수학	도형	평면도형
	3	Gold	1	Gold and Copper	과학	전기와 자기	전기
			2	Finding a Solution with Gold	사회	경제	국가 경제
			3	Klimt's Golden Paintings	미술	표현	제작
			4	The King's Gold	수학	규칙성	규칙성과 대응

Chapter 1 Music

여러분은 어떤 음악을 즐겨 듣나요? 아이돌 그룹의 댄스곡이나 힙합? 아니면 민요나 클래식? 음악에는 이렇게 다양한 장르가 있어요. 옛날에는 이런 여러 음악을 듣고 음악을 그림으로 표현하여 유명해진 화가도 있었고, 저명한 수학자인 피타고라스는 길에서 우연히 망치 소리를 듣고 화음의 원리를 발견하기도 했대요. 이번 Chapter에서 음악에 얽힌 다양한 이야기들을 함께 읽어볼까요?

사회

UNIT 01

Seodong's Song

실과

UNIT 02

Copyright

미술

UNIT 03

Painting Music

수학

UNIT 04

Math in Harmony

Chapter Q   **Do you often listen to music?**

UNIT 01 · Seodong's Song

Subject Words QR코드를 이용하여 단어를 듣고 따라 읽어보세요.

- princess 공주
- spread 퍼뜨리다
- marry 결혼하다
- tale 이야기
- children 아이들

More Words QR코드를 이용하여 단어와 예문을 듣고 따라 읽어보세요.

interesting 흥미로운

I am reading an interesting book.

true 사실인

Is that true or not?

wish 소원

A girl made a wish upon a star.

teach 가르치다 참고 과거형 taught

My mother teaches me English.

angry 화난

My friend got angry at me.

kick ~ out ~를 쫓아내다

She kicked him out of the house.

12

Vocabulary Check

Subject Words 그림과 뜻을 보고 알맞은 단어를 쓰세요.

1

공주

_____

2

이야기

_____

3

퍼뜨리다

_____

4

결혼하다

_____

5

아이들

_____

More Words 우리말에 맞는 문장이 되도록 알맞은 단어를 고르세요.

1 그것이 사실인가요 아닌가요?

Is that true / rare or not?

2 한 소녀는 별을 보며 소원을 빌었습니다.

A girl made a way / wish upon a star.

3 그녀는 그를 집에서 쫓아냈습니다.

She kicked / put him out of the house.

4 나는 흥미로운 책을 읽고 있습니다.

I am reading an interesting / amazing book.

5 나의 엄마는 나에게 영어를 가르치십니다.

My mother learns / teaches me English.

6 내 친구는 나에게 화가 났습니다.

My friend got necessary / angry at me.

지문을 듣고
따라 읽어보세요.

Seodong's Song

There is an interesting tale from Silla.
신라

There was a man from Baekje.
백제

His name was Seodong.
서동

One day, he heard about a beautiful princess of Silla.

Her name was Seonhwa.
선화

Seodong wanted to marry the princess.

So he wrote the song "Seodongyo."
서동요

🔍 Key Grammar 　 want to ~

Sedong wanted to marry the princess. 　 서동은 공주와 결혼하고 싶었습니다.

'~하고 싶습니다'는 영어로 'want to ~'로 표현할 수 있어요. 'want to ~'의 과거형은 'wanted to ~'이고, '~하고 싶었습니다'로 해석합니다. want(ed) to 다음에는 꼭 동사원형을 써야 합니다.

예 I want to go home. 　 나는 집에 가고 싶습니다.
　 Anna wanted to build a snowman. 　 Anna는 눈사람을 만들고 싶었습니다.

14

It said that Seonhwa went to Seodong's room every night.

It said that they were in love.

But it was not true. It was his wish.

Seodong wanted to spread the song.

So he taught children the song,

and they sang it everywhere.

Seonhwa's father heard it and got angry.

So he kicked her out.

Then Seodong found her and married her!

1 다음 질문의 답으로 가장 적절한 것을 골라 보세요.

a 이 글의 주제는 무엇인가요?

① the love song of Seodong

② a famous song from Baekje

③ how to make and spread songs

b 서동은 '서동요'를 왜 만들었나요?

① It's because he wanted to teach children.

② It's because he wanted to marry Seonhwa.

③ It's because he wanted to meet the king of Silla.

c '서동요'의 내용으로 알맞은 것은 무엇인가요?.

① Seodong married Seonhwa.

② Seonhwa and Seodong lived together.

③ Seonhwa went to Seodong's room every night.

2 다음 문장을 읽고 맞으면 T, 틀리면 F에 표시하세요.

① "Seodongyo" is about Princess Seonhwa's wish. T F

② In "Seodongyo", Seodong and Seonhwa were in love. T F

③ Princess Seonhwa's father kicked her out. T F

3 다음 질문에 알맞은 답이 되도록 빈칸에 들어갈 말을 본문에서 찾아 써보세요.

Q Why did Seodong teach children his song?

A It's because he _____ _____ _____ the song.

16

Brain Power

흥미로운 미션을 풀고
코딩을 위한 **사고력**도 길러보세요!

QR 찍고 힌트 보기

C B A

1 절차적 사고력 어떤 규칙에 의해 ①~⑤의 순서로 알파벳의 순서가 바뀝니다. ①~③에서 알파벳 변화 규칙을 찾아 ④와 ⑤의 빈칸을 완성하세요. 그리고 ⑤에 나온 단어의 뜻을 써보세요.

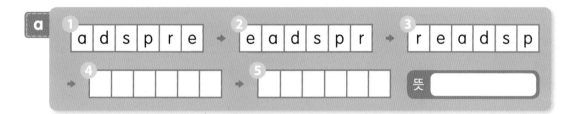

a
① a d s p r e → ② e a d s p r → ③ r e a d s p
④ [ ][ ][ ][ ][ ][ ] → ⑤ [ ][ ][ ][ ][ ][ ] 뜻 [ ]

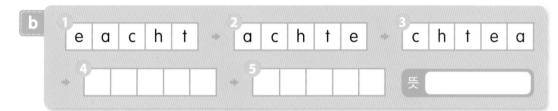

b
① e a c h t → ② a c h t e → ③ c h t e a
④ [ ][ ][ ][ ][ ] → ⑤ [ ][ ][ ][ ][ ] 뜻 [ ]

2 논리적 사고력 다섯 명의 남성이 자신이 서동이라고 주장하고 있습니다. 진짜 서동이 누구인지 찾아 V 표시해보세요.

I think I know who Seodong is!

☐ I taught the princess "Seodongyo."

☐ I wanted to marry Seonhwa.

☐ I didn't make "Seodongyo."

☐ I'm from Silla.

☐ I didn't want to spread "Seodongyo."

UNIT 02 실과

Copyright

Subject Words QR코드를 이용하여 단어를 듣고 따라 읽어보세요.

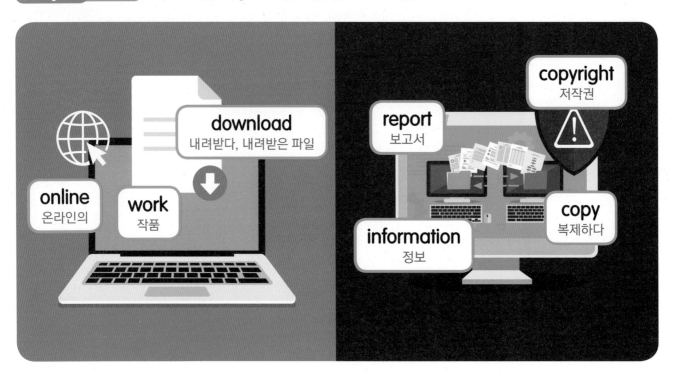

More Words QR코드를 이용하여 단어와 예문을 듣고 따라 읽어보세요.

Some games are
illegal.

You cannot get in
without permission.

She is the owner
of the store.

You can use my pen
freely.

We have to protect
the environment.

He put effort into
his work.

18

Vocabulary Check

①

온라인의

_____

②

저작권

_____

③

복제하다

_____

④

보고서

_____

⑤

정보

_____

⑥

내려받다, 내려받은 파일

_____

More Words 우리말에 맞는 문장이 되도록 알맞은 단어를 고르세요.

① 어떤 게임들은 불법입니다.　　Some games are illegal / toxic .

② 그녀는 그 가게의 주인입니다.　　She is the composer / owner of the store.

③ 그는 그의 작품에 노력을 들였습니다.　　He put effort / report into his work.

④ 우리는 환경을 보호해야 합니다.　　We have to protect / detect the environment.

⑤ 당신은 허가 없이 들어갈 수 없습니다.　　You cannot get in without pollution / permission .

⑥ 당신은 내 펜을 자유롭게 써도 됩니다.　　You can use my pen easily / freely .

Copyright

Have you downloaded anything online for free?

It could be illegal.

Sometimes you need to pay for downloads.

Let's say you make a video.

And you download music and put it in your video.

It could be illegal.

You need to get permission from the owner.

🔍 Key Grammar   need to ~

Sometimes you need to pay for downloads.
때때로 당신은 내려받은 파일에 대한 비용을 지불해야 합니다.

'~해야 합니다'는 영어로 'need to ~'로 표현할 수 있어요. need to 다음에는 꼭 동사원형을 써야 합니다.

예 I need to buy a history book. 나는 역사책 한 권을 사야 합니다.
We need to check your bag. 우리는 당신의 가방을 확인해야 합니다.

20

Let's say you write a report.

And you copy things from the internet.

It could be illegal.

You need to say how you got the information.

Why can't we use those things freely?

It's because their copyright protects them.

Every work takes effort and time.

So each work is valuable.

저작권(Copyright)은 저작물을 만든 사람에게 있어요!

내가 만든 찰흙 작품, 내려받은 영화, 내가 산 CD 속 노래 ... 이 중 진짜 '내 것'은 무엇일까요? 바로 '내가 만든 찰흙 작품'이에요. 왜냐고요? 모든 글과 미술작품, 음악 등에는 처음으로 그것을 만든 사람이 있는데, 바로 이 처음 만든 사람이 '저작권'을 갖게 되기 때문이에요. 글이나 그림을 지금 내가 가졌다고 해서 주인이 되는 것이 아니라 처음으로 만든 사람이 주인이 되는 권리가 바로 '저작권'이랍니다.

Comprehension **Check**

1 다음 질문의 답으로 가장 적절한 것을 골라 보세요.

a 이 글의 주제는 무엇인가요?
1. how to download music
2. how to write a good report
3. work protected by copyright

b 다음 중 불법일 수 있는 행동이 <u>아닌</u> 것은 무엇인가요?
1. copying something from the internet
2. downloading music and paying for it
3. downloading music and using it in videos

c 다음 중 저작권이 보호하는 것은 무엇인가요?
1. free music
2. the owner's money
3. people's valuable work

2 다음 문장을 읽고 맞으면 T, 틀리면 F에 표시하세요.

1. Every work takes effort and time. T : F
2. We need to get permission from the owner of the work. T : F
3. We need to say how much we pay for downloads in our report. T : F

3 다음 질문에 알맞은 답이 되도록 빈칸에 들어갈 말을 본문에서 찾아 써보세요.

Q Why can't we use other people's work freely?
A It's because every work takes _____ and time, and their _____
protects them.

Brain Power

흥미로운 미션을 풀고
코딩을 위한 사고력도 길러보세요!

1 절차적 사고력

단어의 뜻을 보고 빈칸에 들어갈 알맞은 알파벳을 써보세요. 그리고 숫자에 맞게 그 알파벳을 아래 빈칸에 넣어 메시지를 완성해보세요.

[1]O P [2] → 복제하다   [3] L L E [4] A L → 불법의

R E [5] O [6] T → 보고서   [7] F F O R T → 노력

I N F [8] R M A [9] I O N → 정보

LET'S [5][6][8][9][7][1][9] OUR WORK
WITH A [1][8][5][2][6][3][4] H [9] !

2 문제 해결력

저작권을 지키지 않는 세 명의 학생들이 있습니다. 가장 많은 벌점을 받게 될 학생에 V 표시해보세요.

Downloading something online for free 벌점 3   Copying things from the internet 벌점 5

Downloading music and using it in videos 벌점 7

UNIT 03 미술

Do you know about Kandinsky?   Yes ☐ No ☐

Painting Music

Subject Words QR코드를 이용하여 단어를 듣고 따라 읽어보세요.

color 색

white 흰색

blue 파란색

yellow 노란색

green 초록색

More Words QR코드를 이용하여 단어와 예문을 듣고 따라 읽어보세요.

emotion
감정

We feel many different emotions.

match
연결시키다

I match colors to words.

trumpet
트럼펫

Tommy plays the trumpet.

violin
바이올린

The musicians play the violin.

pause
멈춤

There is a pause in the song.

serious
진지한

She is a serious person.

24

Vocabulary Check

Subject Words 그림과 뜻을 보고 알맞은 단어를 쓰세요.

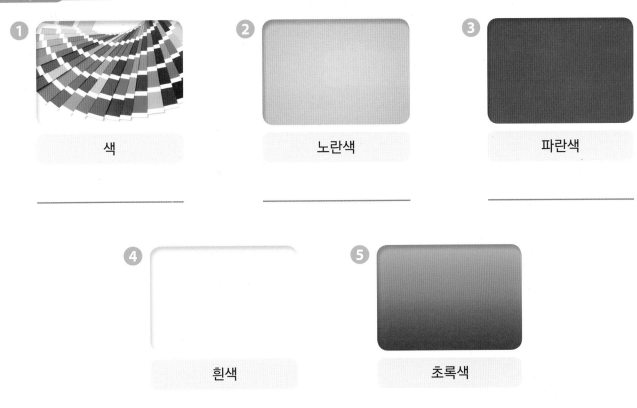

① 색

_____

② 노란색

_____

③ 파란색

_____

④ 흰색

_____

⑤ 초록색

_____

More Words 우리말에 맞는 문장이 되도록 알맞은 단어를 고르세요.

① Tommy가 트럼펫을 연주합니다.

Tommy plays the trumpet / trash .

② 음악가들이 바이올린을 연주합니다.

The musicians play the violin / cello .

③ 노래에 멈춤이 있습니다.

There is a composer / pause in the song.

④ 그녀는 진지한 사람입니다.

She is a serious / dangerous person.

⑤ 나는 색깔들을 단어들에 연결시킵니다.

I match / teach colors to words.

⑥ 우리는 많은 다른 감정들을 느낍니다.

We feel many different efforts / emotions .

Painting Music

칸딘스키 <구성 No.10>

There was a painter from Russia.

His name was Wassily Kandinsky.
바실리 칸딘스키

His artwork is special because he painted music and emotions.

Kandinsky loved music.

He felt many different emotions from it.

So he expressed them in his paintings.

🔍 Key Grammar   전치사 with

Kandinsky expressed trumpet sounds with yellow.
칸딘스키는 노란색으로 트럼펫 소리를 표현했습니다.

'with'는 '~로', '~을 이용하여'라는 뜻으로, 도구나 수단을 나타낼 때 사용하는 전치사입니다.

예 I make delicious foods with apples. 나는 사과로 맛있는 음식을 만듭니다.
My sister wrote a letter with a pencil. 나의 여동생은 연필로 편지를 썼습니다.

26

First, he matched colors to sounds.

He expressed trumpet sounds with yellow.

He expressed violin sounds with green.

And white meant a pause.

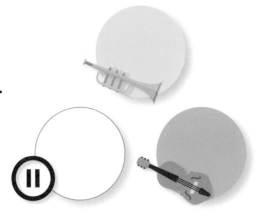

He also matched colors to emotions.

He expressed warm emotions with yellow.

He expressed serious emotions with blue.

Can you feel the music and emotions in his paintings?

칸딘스키 <구성 No.4>

칸딘스키 <구성 No.8>

오, 이런! 이 그림을 내가 그렸다고?

어느 날 러시아의 유명한 화가 칸딘스키는 자신의 화실로 들어갔어요. 화실에 들어서자마자 그는 깜짝
놀라고 말았습니다. 믿을 수 없을 정도로 아름다운 그림이 그의 눈앞에 놓여있었기 때문이에요. 놀랍게
도, 그 그림은 그가 그린 그림이 단지 옆으로 돌려져 있던 거였어요. 칸딘스키는 이 일을 계기로 눈에
보이는 그대로의 사물을 그리는 것에 집중하지 않고 추상적인 작품을 그리기 시작했다고 해요.

Comprehension Check

1 다음 질문의 답으로 가장 적절한 것을 골라 보세요.

a 이 글의 주제는 무엇인가요?

① famous Russian paintings

② a Russian painter's special artwork

③ the sounds of different instruments

b 다음 중 칸딘스키(Kandinsky)가 트럼펫 소리를 표현하기 위해 사용한 색은 무엇인가요?

① white   **②** green   **③** yellow

c 칸딘스키(Kandinsky)에 관한 설명으로 알맞지 <u>않은</u> 것은 무엇인가요?

① He was from Russia.

② He didn't feel emotions from music.

③ He expressed emotions in his paintings.

2 다음 문장을 읽고 맞으면 T, 틀리면 F에 표시하세요.

① Kandinsky matched colors to sounds.   T : F

② Kandinsky expressed violin sounds with yellow.   T : F

③ Kandinsky expressed serious emotions with blue.   T : F

3 다음 질문에 알맞은 답이 되도록 빈칸에 들어갈 말을 본문에서 찾아 써보세요.

Q Why is Kandinsky's artwork special?

A It's because he expressed _____ and _____ in his paintings.

Brain Power

흥미로운 미션을 풀고
코딩을 위한 사고력도 길러보세요!

1 절차적 사고력

단어를 쓰는 데 필요한 알파벳의 개수가 오른쪽 표에 써 있어요. 각 그림에 알맞은 단어를 쓰고 ? 에 들어갈 그림을 ①~④ 중에 골라보세요.

c	1	e	2	i	4
l	2	m	1	n	2
o	6	r	2	s	2
t	1	u	1	v	1

1

2

3

4

2 문제 해결력

자동차는 빈칸을 통과하는 데 1분, 알맞은 설명을 통과하는 데 2분, 알맞지 않은 설명을 통과하는 데 4분이 걸려요. 자동차는 목적지까지 가는 데 총 몇 분이 걸릴까요?

Kandinsky's artwork is special.

Kandinsky painted music and emotions in his paintings.

There are only two colors in Kandinsky's paintings.

Kandinsky expressed violin sounds with white.

Yellow represents warm emotions in Kandinsky's paintings.

목적지   총   분

UNIT 04 수학

Math in Harmony

Subject Words QR코드를 이용하여 단어를 듣고 따라 읽어보세요.

harp 하프

sound 소리

high 높은

long 긴

length 길이

short 짧은

string 줄

low 낮은

harmony 화음

More Words QR코드를 이용하여 단어와 예문을 듣고 따라 읽어보세요.

walk
걷다

Amy walks with
her friends.

street
거리

Many people walk
down the street.

hammer
망치

My uncle bought a
hammer at a store.

curious
궁금한

Babies are curious
about everything.

observe
관찰하다

Sean observes plants.

mathematical
수학의

He found the
mathematical rule.

30

Vocabulary Check

Subject Words 그림과 뜻을 보고 알맞은 단어를 쓰세요.

① 소리

② 길이

③ 짧은

④ 낮은

⑤ 줄

⑥ 하프

⑦ 화음

_____ _____ _____ _____

_____ _____ _____

More Words 우리말에 맞는 문장이 되도록 알맞은 단어를 고르세요.

① 그는 수학의 법칙을 발견했습니다.　　He found the metal / mathematical rule.

② Sean이 식물을 관찰합니다.　　Sean discovers / observes plants.

③ Amy는 친구들과 함께 걷습니다.　　Amy walks / works with her friends.

④ 많은 사람들이 길을 걷습니다.　　Many people walk down the stairs / street .

⑤ 나의 삼촌이 가게에서 망치를 샀습니다.　　My uncle bought a harp / hammer at a store.

⑥ 아기들은 모든 것을 궁금해합니다.　　Babies are curious / serious about everything.

지문을 듣고 따라 읽어보세요.

Math in Harmony

Pythagoras was a Greek mathematician.
피타고라스

One day, he walked down a street.

He heard the sound of hammers.

Some of the hammers were in good harmony.

It sounded just like music!

He was curious about the sound.

So he started observing the hammers.

🎯 Key Grammar　　the 비교급, the 비교급

The shorter the string was, the higher the sound was.　줄이 짧으면 짧을수록, 소리가 더 높았습니다.

영어에는 다양한 비교 표현이 있어요. 그 중 'The 비교급+주어+동사, the 비교급+주어+동사'는 '~하면 할수록, 더 …합니다'라는 뜻으로 쓰이는 표현입니다.

예 The warmer the weather is, the better I feel.　날씨가 따뜻하면 할수록, 나는 기분이 더 좋습니다.
　　The more I see you, the more I like you.　당신을 보면 볼수록, 나는 당신이 더 좋습니다.

He found this out.

The different weights of hammers made different sounds.

The light hammers made high sounds.

The heavy hammers made low sounds.

He found the same rule for the harp.

The harp had many strings of different lengths.

The shorter the string was, the higher the sound was.

The longer the string was, the lower the sound was.

Pythagoras found mathematical rules in music!

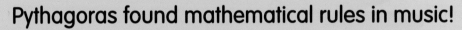

🔍 **망치질 소리도 흘려듣지 않았던 피타고라스**

'만물의 근원은 수'라는 주장으로 유명한 피타고라스는 고대 그리스의 수학자이자 철학자, 종교가, 그리고 음악가예요. 그는 모든 것을 수와 연관하여 생각했어요. 음악도 예외는 아니었죠. 어느 날 대장간 옆을 지나가던 피타고라스는 대장장이가 망치로 쇠를 두드리는 소리를 들었어요. 제각각 다른 망치 소리들이 조화를 이루는 것을 발견한 피타고라스는 이 안에서 일정한 수학적 비율을 찾아냈답니다.

1 다음 질문의 답으로 가장 적절한 것을 골라 보세요.

ⓐ 이 글의 주제는 무엇인가요?

1 mathematical rules in music

2 famous Greek mathematicians

3 the beautiful harmony of hammers

ⓑ 다음 중 피타고라스(Pythagoras)가 규칙을 발견한 악기는 무엇인가요?

1 violin   2 cello   3 harp

ⓒ 피타고라스(Pythagoras)에 관한 설명으로 알맞지 <u>않은</u> 것은 무엇인가요?

1 He was a Greek mathematician.

2 One day, he heard the sound of hammers.

3 He was not curious about the sound of hammers.

2 다음 문장을 읽고 맞으면 T, 틀리면 F에 표시하세요.

1 The heavy hammers made low sounds.   T   F

2 All harp strings made the same sounds.   T   F

3 The shorter the string was, the lower the sound was.   T   F

3 다음 질문에 알맞은 답이 되도록 빈칸에 들어갈 말을 본문에서 찾아 써보세요.

Q What did Pythagoras find from the sound of hammers and the harp?

A He found _____ _____ in music.

QR 찍고 힌트 보기

Brain Power

흥미로운 미션을 풀고
코딩을 위한 사고력도 길러보세요!

C B A

---

1 절차적 사고력

퍼즐 속에 총 네 개의 단어가 숨어 있어요. ❶~❹에 주어진 힌트 를 참고하여 단어를 찾고 그 뜻을 써보세요.

힌트 (7, 3)
❶ 단어: short   뜻: 짧은

힌트 (1, 7)
❷ 단어: 뜻:

힌트 (8, 2)
❸ 단어: 뜻:

힌트 (1, 3)
❹ 단어: 뜻:

G	B	L	K	B	S	Y	E
I	E	U	Y	H	N	W	O
C	U	R	I	O	U	S	B
K	E	N	M	O	H	K	S
F	L	R	S	O	Q	F	E
R	A	D	R	P	P	Z	R
H	R	T	F	K	Y	V	V
W	E	O	L	X	W	M	E

---

2 문제 해결력

미로를 빠져나가기 위해서는 하프와 관련된 알맞은 설명을 모두 찾아야 합니다. 아래 조건 을 참고하여 도착 지점까지의 길을 표시해보세요.

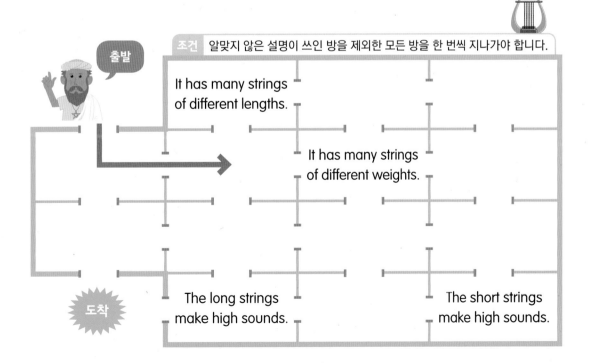

출발

조건 알맞지 않은 설명이 쓰인 방을 제외한 모든 방을 한 번씩 지나가야 합니다.

It has many strings of different lengths.

It has many strings of different weights.

도착

The long strings make high sounds.

The short strings make high sounds.

Wrap UP!

Unit 01 다음 주어진 문장 뒤에 올 내용을 순서에 맞게 빈칸에 번호를 써보세요.

> **Seodong heard about a beautiful princess of Silla, Seonhwa.**

↓

- [ ] Seodong wanted to marry Seonhwa.
- [ ] Seodong taught children the song and spread it.
- [ ] Seodong found Seonhwa and married her.
- [ ] Seonhwa's father heard the song and kicked her out.
- [ ] Seodong wrote the song "Seodongyo."

기억이 안 난다면? 12쪽으로 이동하세요.

Unit 02 보기 에서 알맞은 말을 골라 저작권 보호에 대한 포스터의 빈칸을 완성해보세요.

| 보기 | information | protect | permission | downloads |

Let's [   ] Our Valuable Work!

COPYRIGHT

We need to pay for some [   ].

We need to get [   ] from the owner.

We need to say how we got [   ].

기억이 안 난다면? 18쪽으로 이동하세요.

Unit 03 다음 칸딘스키의(Kandinsky) 그림을 보고, 보기 에서 알맞은 말을 골라 각 색깔의 의미를 완성해보세요.

보기   trumpet   warm   serious   pause   violin

_____ sounds

_____ emotions

a _____

_____ sounds

_____ emotions

기억이 안 난다면? 24쪽으로 이동하세요.

Unit 04 피타고라스(Pythagoras)가 망치 소리와 악기를 통해 발견한 규칙에 관하여 알맞은 설명이 되도록 단어를 골라보세요.

Pythagoras found that …

The light hammers made   low / high   sounds.

The heavy hammers made   low / high   sounds.

The shorter strings on the harp made   lower / higher   sounds.

The longer strings on the harp made   lower / higher   sounds.

기억이 안 난다면? 30쪽으로 이동하세요.

아래 두 그림에서 10개의 다른 부분을 찾아보세요!

Chapter 2 # Architecture

세계에는 아주 다양한 건축물들이 있어요. 스페인 바르셀로나에는 유명한 건축가인 가우디(Gaudi)가
설계한 성당이나 공원 등의 건축물들이 있고, 이집트에는 아주 거대한 피라미드들이 있죠.
우리나라에는 수원의 화성과 같이 당대의 모든 과학기술을 활용하여 설계된 건축물도 있답니다.
이번 Chapter에서 세계의 여러 유명 건축물을 함께 탐험해볼까요?

실과

UNIT 01

I Want to Be
an Architect

사회

UNIT 02

Hwaseong Fortress

미술

UNIT 03

Gaudi's Unique
Architecture

수학

UNIT 04

Different Types
of Pyramids

스페인의 건축가 가우디(Gaudi)의 구엘 공원(Park Güell)

Chapter Q | **What is your favorite building in Korea?**

UNIT 01

I Want to Be an Architect

Subject Words QR코드를 이용하여 단어를 듣고 따라 읽어보세요.

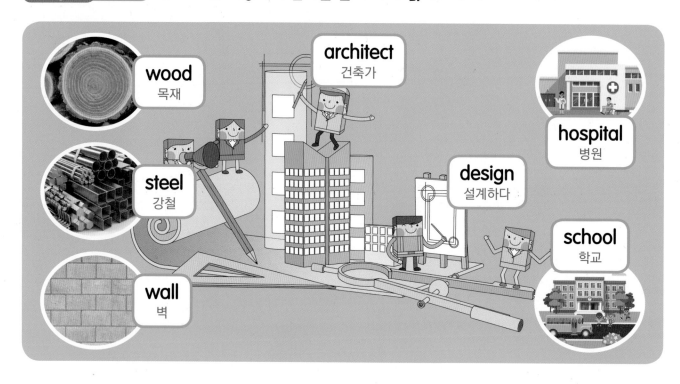

wood 목재

architect 건축가

hospital 병원

steel 강철

design 설계하다

school 학교

wall 벽

More Words QR코드를 이용하여 단어와 예문을 듣고 따라 읽어보세요.

rainbow
무지개

We can see a rainbow after the rain.

safe
안전한

Schools should be safe.

strong
튼튼한

I am strong and healthy.

study
공부하다

The boy is studying.

playground
놀이터

Children are playing at the playground.

sick
아픈

The girl is sick.

Vocabulary Check

Subject Words 그림과 뜻을 보고 알맞은 단어를 쓰세요.

1
병원

_____

2
설계하다

_____

3
강철

_____

4
벽

_____

5
학교

_____

6
목재

_____

7
건축가

_____

More Words 우리말에 맞는 문장이 되도록 알맞은 단어를 고르세요.

1 그 소년은 공부하고 있습니다.   The boy is studying / teaching .

2 그 소녀는 아픕니다.   The girl is toxic / sick .

3 학교는 안전해야 합니다.   Schools should be safe / save .

4 나는 튼튼하고 건강합니다.   I am smart / strong and healthy.

5 아이들이 놀이터에서 놀고 있습니다.   Children are playing at the ground / playground .

6 우리는 비가 온 뒤에 무지개를 볼 수 있습니다.   We can see a rainbow / harmony after the rain.

지문을 듣고
따라 읽어보세요.

I Want to Be an Architect

Hi, I'm Alice.

I want to be an architect.

What do architects do?

Architects design buildings.

They design houses, schools, and hospitals.

If I become an architect, I will build a house with a red roof.

And I will paint a rainbow on the wall.

Then my family will live there.

Key Grammar 접속사 if

If I become an architect, I will build a house with a red roof.
만약 내가 건축가가 된다면, 나는 빨간색 지붕의 집을 지을 것입니다.

접속사 'if' 뒤에 주어와 동사를 쓰면 '만약 ~한다면'이라는 조건을 나타내는 문장을 만들 수 있어요. 조건의 문장은 미래의 일을 나타내지만 동사는 현재 시제를 씁니다.

예 If I become a painter, I will paint people. 만약 내가 화가가 된다면, 나는 사람들을 그릴 것입니다.
   If you fall down, I will help you up. 만약 당신이 넘어진다면, 내가 일으켜 줄 것입니다.

If I become an architect, I will build a school.

I will build it with wood and steel.

It will be safe and strong.

Then my friends and I will study and play there.

If I become an architect, I will build a hospital for children.

It will have a big playground.

Then sick children can play there!

캐나다의 어린이들, 건축가가 되다!

캐나다는 건국 150주년을 맞이하여 특별한 프로젝트를 진행했어요. 캐나다의 수도 오타와에 있는 공원에 커다란 놀이터를 만드는 것이었죠. 이 놀이터는 캐나다의 국토 모양을 본 따 만들어졌어요. 이 놀이터의 건축가는 누구였을까요? 바로 놀이터의 주인이 될 캐나다 전국의 어린이들이었어요! 그들은 자신들이 살고 있는 지역을 담은 멋진 놀이터를 직접 설계했답니다.

1 다음 질문의 답으로 가장 적절한 것을 골라 보세요.

a 이 글의 주제는 무엇인가요?

1 how to design buildings

2 different buildings for children

3 a girl's dream of becoming an architect

b 다음 중 Alice가 짓고 싶은 것으로 언급된 것은 무엇인가요?

1 house   2 castle   3 hotel

c Alice가 짓고 싶은 학교에 관한 설명으로 알맞은 것은 무엇인가요?

1 Alice will build a school with a red roof.

2 Alice will build a school with wood and steel.

3 Alice will build a school with a big playground.

2 다음 문장을 읽고 맞으면 T, 틀리면 F에 표시하세요.

1 Alice wants to be an architect.   T   F

2 Alice wants to build a safe and strong school.   T   F

3 Alice wants to build a hospital for her family.   T   F

3 다음 질문에 알맞은 답이 되도록 빈칸에 들어갈 말을 본문에서 찾아 써보세요.

Q What do architects do?

A Architects _____ _____, like houses, schools, and hospitals.

Brain Power

흥미로운 미션을 풀고
코딩을 위한 사고력도 길러보세요!

① 절차적 사고력 특정한 패턴에 따라 반복적으로 움직이는 로봇이 있습니다. 로봇이 벽을 만날때까지 계속 움직였을 때 만들 수 있는 단어 세 개를 모두 찾고 뜻도 함께 써보세요.

패턴 → ↑ → ↓ ↓

c	s→a	t	a	a	r	i	t	b	h
•• →c	f	u	i	p	c	h	e	f	p
l	o	e	b	y	s	i	t	c	o	s
a	w	o	d	e	g	s	t	r	l
r	a	i	n	h	o	n	e	r	g	e
c	h	s	p	l	a	y	g	o	n	u

단어: safe
뜻:

단어:
뜻:

단어:
뜻:

② 문제 해결력 문을 열기 위해서는 암호를 풀어 문장을 완성해야 합니다. 단서 와 힌트 를 참고하여 암호를 풀고 빈칸을 모두 채워 문장을 완성해보세요.

힌트 알파벳의 자음(B, C, D …)과 모음(A, E, I, O, U)을 구분하세요!

단서
1 USDJEVADV → ARCHITECT
2 XEMM → WILL
3 COEMF →
4 U →
5 TDJIIM →

6 XEVJ →
7 U →
8 HSAAP →
9 SIIG →

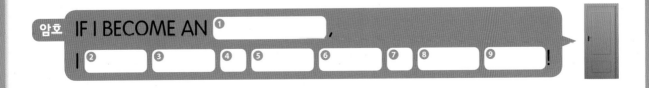

암호 IF I BECOME AN ① ⬜⬜⬜⬜⬜⬜⬜ ,
I ② ⬜⬜ ③ ⬜⬜⬜ ④ ⬜ ⑤ ⬜⬜⬜⬜ ⑥ ⬜⬜⬜ ⑦ ⬜ ⑧ ⬜⬜⬜⬜ ⑨ ⬜⬜⬜ !

UNIT 02 사회

Q Have you been to Hwaseong? Yes ☐ No ☐

Hwaseong Fortress

Subject Words QR코드를 이용하여 단어를 듣고 따라 읽어보세요.

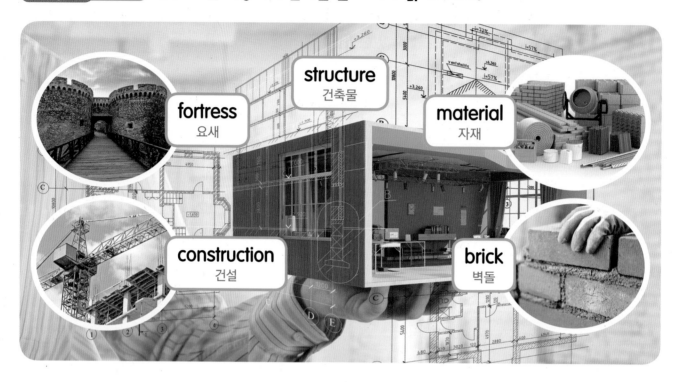

fortress
요새

structure
건축물

material
자재

construction
건설

brick
벽돌

More Words QR코드를 이용하여 단어와 예문을 듣고 따라 읽어보세요.

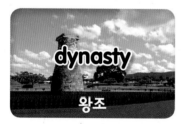

dynasty
왕조

Cheomseongdae is
from the Silla dynasty.

several
몇몇의

Several people are
building a house.

invent
발명하다

I invented a new
robot.

tool
도구

She uses many tools.

along
~을 따라

People walk along
the river.

great
큰; *위대한

Einstein was
a great scientist.

Vocabulary Check

Subject Words 그림과 뜻을 보고 알맞은 단어를 쓰세요.

요새

자재

벽돌

_____

_____

_____

건축물

건설

_____

_____

More Words 우리말에 맞는 문장이 되도록 알맞은 단어를 고르세요.

1 그녀는 많은 도구들을 사용합니다.　She uses many **tools / roofs** .

2 아인슈타인은 위대한 과학자였습니다.　Einstein was a **smart / great** scientist.

3 첨성대는 신라 왕조의 것입니다.　Cheomseongdae is from the Silla **dynasty / tale** .

4 몇몇 사람들이 집을 짓고 있습니다.　**Several / Serious** people are building a house.

5 나는 새로운 로봇을 발명했습니다.　I **invented / represented** a new robot.

6 사람들이 강을 따라 걷습니다.　People walk **to / along** the river.

Hwaseong Fortress

Hwaseong Fortress is a famous structure in Korea.
화성

It is from the Joseon dynasty.
조선

It was the idea of King Jeongjo.
정조

This fortress is special in several ways.

First, people built it with a special material.

They didn't only use stones and wood.

They used bricks for the first time!

Bricks made the fortress strong.

🔍 Key Grammar   동사 make

Bricks made the fortress strong.   벽돌은 요새를 튼튼하게 만들었습니다.

'make'는 '만듭니다'라는 뜻의 동사입니다. make 뒤에 목적어와 목적어의 상태를 설명하는 단어를 나란히 쓰면 '~를 …하게 만듭니다'라는 의미를 나타냅니다.

📢 The tree makes the garden beautiful. 그 나무는 정원을 아름답게 만듭니다.
　 The movie made me sad. 그 영화는 나를 슬프게 만들었습니다.

Second, people invented new tools for the construction.

For example, they invented the *geojunggi*.
거중기

It moved heavy materials.

So it made the construction easy.

geojunggi 거중기

Today, many people walk along the fortress.

They see a great structure.

They see great history too!

🔍 조선의 신도시, 화성

신도시란 계획적으로 개발한 새로운 주거지를 말해요. 그런데 조선 시대에도 신도시가 있었다는 사실을 알고 있나요? 바로 화성이에요. 당시 정조는 백성들이 편리하게 살 수 있도록 성 안팎의 지리적 특성을 모두 고려하여 화성을 설계하고 건설했다고 합니다. 화성은 오늘날까지도 군사적인 방어 기능과 상업, 주거 기능을 모두 가진 위대한 성곽으로 평가받고 있답니다.

Comprehension Check

1 다음 질문의 답으로 가장 적절한 것을 골라 보세요.

ⓐ 이 글의 주제는 무엇인가요?

① King Jeongjo's new tools

② a special fortress in Korea

③ heavy materials from the Joseon dynasty

ⓑ 다음 중 화성을 건축하는 데 쓰인 자재로 언급되지 <u>않은</u> 것은 무엇인가요?

① stones   **②** wood   **③** steel

ⓒ 거중기에 관한 설명으로 알맞은 것은 무엇인가요?

① It moved heavy materials.

② It was the idea of King Jeongjo.

③ It is a famous structure in Korea.

2 다음 문장을 읽고 맞으면 T, 틀리면 F에 표시하세요.

① People built Hwaseong Fortress with a special material.   T : F

② In Korea, people used bricks before Hwaseong Fortress.   T : F

③ *Geojunggi* made the construction of Hwaseong Fortress difficult.   T : F

3 다음 질문에 알맞은 답이 되도록 빈칸에 들어갈 말을 본문에서 찾아 써보세요.

Q What did people use for building Hwaseong Fortress?

A They didn't only use ＿＿＿＿＿ and ＿＿＿＿＿ They also used ＿＿＿＿＿.

Brain Power

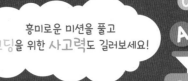

흥미로운 미션을 풀고
코딩을 위한 사고력도 길러보세요!

---

 1 절차적 사고력 — 단서 를 참고하여 세 개의 공이 가장 마지막으로 위치할 칸을 찾아 O 표시하고 그 칸에 적힌 단어와 뜻을 써보세요.

> **단서** 공은 주어진 방향대로 계속 움직이다가 벽이나 회색 장애물 앞에서 멈춰요.

● →↓←↓

단어: fortress

뜻: 요새

● ↑→↑←

단어:

뜻:

● ↑←↓←

단어:

뜻:

● --- history			tool	invent
heavy	great	idea	construction	strong
structure --- special		●	build	●
fortress		brick	move	

---

 2 문제 해결력 — 다섯 명의 친구가 화성에 관해 설명하고 있습니다. 이 중에는 알맞지 않은 설명을 하고 있는 사람이 <u>두 명</u> 있습니다. 누구일까요?

 Jina: It is a famous structure in Korea.

 Bob: People only used bricks for the construction.

 Moly: Today, many people walk along this place.

 John: People invented new tools for the construction.

 Eric: It was the idea of King Sejong.

그 두 명은 바로 _____와(과) _____(이)야!

UNIT 03 미술

Q What do you know about Spain?

Gaudi's Unique Architecture

Subject Words QR코드를 이용하여 단어를 듣고 따라 읽어보세요.

curve 곡선

park 공원

wavy 물결 모양의

tile 타일

line 선

More Words QR코드를 이용하여 단어와 예문을 듣고 따라 읽어보세요.

soft
부드러운

Her dress has soft lines.

sandcastle
모래성

Two boys are building a sandcastle.

colorful
다채로운

There are colorful flowers in the garden.

fairy tale
동화

It is like a castle from a fairy tale.

wave
파도

Children are playing in the waves.

creative
독창적인

Your idea is very creative.

54

Subject Words 그림과 뜻을 보고 알맞은 단어를 쓰세요.

①

물결 모양의

_____

②

선

_____

③

곡선

_____

④

공원

_____

⑤

타일

_____

More Words 우리말에 맞는 문장이 되도록 알맞은 단어를 고르세요.

① 그녀의 드레스에는 부드러운 선이 있습니다.　Her dress has soft / short lines.

② 당신의 생각은 매우 독창적입니다.　Your idea is very curious / creative .

③ 아이들이 파도 속에서 놀고 있습니다.　Children are playing in the waves / rivers .

④ 그것은 동화 속의 성 같습니다.　It is like a castle from a fairy tale / folk tale .

⑤ 두 소년이 모래성을 쌓고 있습니다.　Two boys are building a castle / sandcastle .

⑥ 정원에 다채로운 꽃들이 있습니다.　There are beautiful / colorful flowers in the garden.

지문을 듣고
따라 읽어보세요.

영상을 보고 읽으면
재미가 두 배!

Gaudi's Unique Architecture

Antoni Gaudi was a famous architect.
안토니 가우디

He was from Spain.

He designed many buildings.

Here are some of his famous buildings.

This is a church designed by Gaudi.

Its name is the Sagrada Família.
사그라다 파밀리아

He designed it with soft curves.

It looks like a large sandcastle.

La Sagrada Família
사그라다 파밀리아

🔍 Key Grammar　　look like

The church looks like a large sandcastle.　　그 교회는 큰 모래성처럼 보입니다.

'~처럼 보입니다'는 영어로 'look like'로 표현할 수 있어요. 이때 like는 '~처럼', '~같은' 이라는 의미의 전치사이고, like 뒤에는 명사(구)가 옵니다.

🔹 Your eyes look like stars.　당신의 눈은 별처럼 보입니다.
　 My friend looks like a cat.　내 친구는 고양이처럼 보입니다.

56

This is a park designed by Gaudi.

Its name is Park Güell.
구엘 공원

He designed it with colorful tiles.

It looks like a land from a fairy tale.

Park Güell 구엘 공원

This is a house designed by Gaudi.

Its name is Casa Milà.
까사 밀라

He designed it with wavy lines.

They look like huge ocean waves.

Casa Milà 까사 밀라

These buildings are very creative.

A lot of people visit them!

가우디의 마지막 작품, 사그라다 파밀리아(La Sagrada Família) 성당

가우디는 약 40년 동안 사그라다 파밀리아 성당을 짓는 데 혼신의 힘을 다했습니다. 하지만 전차에 치이는 사고로 안타깝게도 성당을 다 짓지 못한 채 생을 마감했어요. 그는 자신의 전 재산을 성당에 기부하고 건축을 계속해 달라는 유언을 남겼어요. 그리고 그의 시신은 성당의 지하에 묻혔답니다. 가우디의 뒤를 이은 건축가들이 지금도 계속 성당을 짓고 있는 중이며, 2026년에 완공될 예정이래요!

Comprehension Check

1 다음 질문의 답으로 가장 적절한 것을 골라 보세요.

ⓐ 이 글의 주제는 무엇인가요?
1. a famous church in Spain
2. different lines in architecture
3. creative buildings by an architect

ⓑ 다음 중 가우디(Gaudi)가 지은 건축물이 <u>아닌</u> 것은 무엇인가요?
1. a church
2. a hospital
3. a park

ⓒ 가우디(Gaudi)의 건축물에 대한 설명으로 알맞지 <u>않은</u> 것은 무엇인가요?
1. Park Güell looks like a large sandcastle.
2. Gaudi designed the Sagrada Família with soft curves.
3. The wavy lines in Casa Milà look like huge ocean waves.

2 다음 문장을 읽고 맞으면 T, 틀리면 F에 표시하세요.

1. Gaudi was a famous painter from Spain.　　　　　T　F
2. Gaudi designed the Sagrada Família with colorful tiles.　　T　F
3. Many people visit the buildings designed by Gaudi.　　T　F

3 다음 질문에 알맞은 답이 되도록 빈칸에 들어갈 말을 본문에서 찾아 써보세요.

Q Why are the buildings designed by Gaudi famous?

A It's because they are very _____.

Brain Power

흥미로운 미션을 풀고
코딩을 위한 사고력도 길러보세요!

문제 해결력 세 명의 친구가 카드 게임을 하고 있습니다. **규칙** 을 읽고, 세 친구가 각각 얻은 점수를 구해보세요.

규칙
1. 3장의 사진과 9장의 단어 카드가 있습니다.
2. 제시되는 1장의 사진과 관련된 단어 카드를 제시합니다.
3. 사진과 관련된 단어 카드를 제시하면 3점, 그렇지 않으면 0점을 얻습니다.
4. 관련된 카드를 연속으로 제시하면 2점을 추가로 얻습니다.

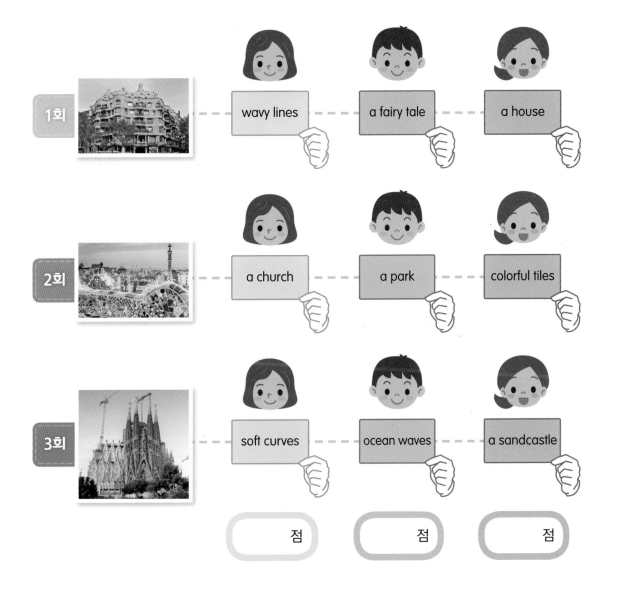

UNIT 04

Q Have you seen a pyramid?   Yes ☐ No ☐

Different Types of Pyramids

Subject Words QR코드를 이용하여 단어를 듣고 따라 읽어보세요.

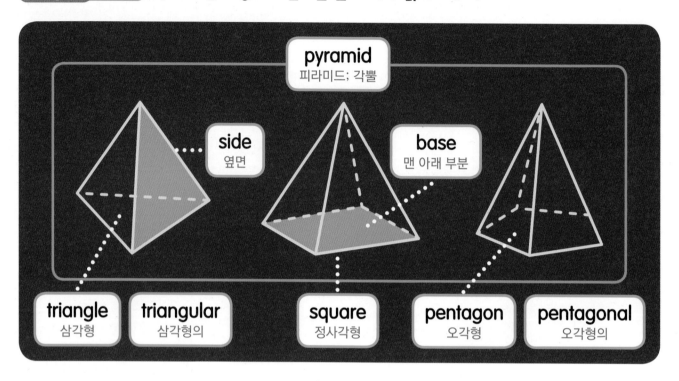

pyramid
피라미드; 각뿔

side
옆면

base
맨 아래 부분

triangle 삼각형

triangular 삼각형의

square 정사각형

pentagon 오각형

pentagonal 오각형의

More Words QR코드를 이용하여 단어와 예문을 듣고 따라 읽어보세요.

glass
유리

The building has
glass doors.

museum
박물관

The museum has
a lot of treasures.

similar
비슷한

The two girls
look similar.

various
다양한

The boy put various
things into a box.

shape
모양

The block shapes are
different.

look around
둘러보다

The family looks
around the house.

Vocabulary Check

Subject Words 그림과 뜻을 보고 알맞은 단어를 쓰세요.

1

삼각형

_____

2

오각형

_____

3

정사각형

_____

4

피라미드; 각뿔

_____

5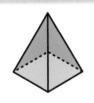

맨 아래 부분

_____

6

옆면

_____

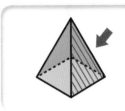

More Words 우리말에 맞는 문장이 되도록 알맞은 단어를 고르세요.

1 두 소녀는 비슷해 보입니다.
The two girls look similar / different .

2 그 건물에는 유리문이 있습니다.
The building has glass / metal doors.

3 그 소년은 다양한 물건들을 박스에 넣었습니다.
The boy put very / various things into a box.

4 그 가족은 집을 둘러봅니다.
The family looks at / looks around the house.

5 블록 모양들이 다릅니다.
The block shapes / patterns are different.

6 그 박물관은 많은 보물을 소장하고 있습니다.
The museum / observatory has a lot of treasures.

지문을 듣고
따라 읽어보세요.

Different Types of Pyramids

Think of one of the Great Pyramids in Egypt.

Think of the glass pyramid at the Louvre Museum.
루브르 박물관

They look similar.

We call them square pyramids.

It's because they both have square bases.

They both have four sides.

The four sides are all triangles.

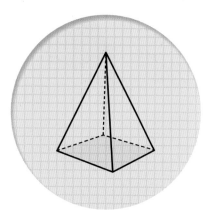

square pyramid
사각뿔

◎ Key Grammar   **Think of ~**

Think of one of the Great Pyramids in Egypt.   이집트에 있는 거대한 피라미드 중 하나를 떠올려 보세요.

'Think of ~'는 '~을 생각해 보세요', '~을 떠올려 보세요' 라는 뜻으로, 어떤 대상이나 상황에 대해 생각하도록
권할 때 쓰는 표현입니다. Think of 다음에는 명사(구)가 옵니다.

예 Think of a number. 숫자 하나를 생각해 보세요.
　　Think of a hot summer day. 더운 여름날을 떠올려 보세요.

There are various types of pyramids.

The shapes of their bases are different.

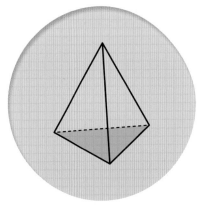

Look at this type of pyramid.

The base of this pyramid is a triangle.

We call this a triangular pyramid.

triangular pyramid 삼각뿔

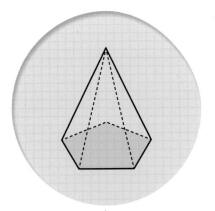

Look at this type of pyramid.

The base of this pyramid is a pentagon.

So it is a pentagonal pyramid.

pentagonal pyramid 오각뿔

Now look around you.

What type of pyramids can you find?

 이집트의 모든 피라미드는 사각뿔 모양일까?

피라미드는 돌이나 벽돌을 쌓아 만든 고대 이집트 왕족의 무덤이에요. 우리는 이집트 피라미드를 떠올릴 때 흔히 사각뿔 모양을 떠올려요. 그런데 피라미드는 뾰족한 사각뿔 모양만 있을까요?
아니에요. 가장 오래된 조세르 왕의 피라미드는 직육면체 모양을 여러 층으로 쌓아 올린 계단식 피라미드랍니다! 따라서 뾰족하지 않은 평평한 꼭대기를 가지고 있어요.

Comprehension Check

1 다음 질문의 답으로 가장 적절한 것을 골라 보세요.

ⓐ 이 글의 주제는 무엇인가요?

① different pyramid sides

② various types of pyramids

③ different shapes in architecture

ⓑ 이집트의 피라미드와 루브르 박물관의 피라미드는 어떤 모양인가요?

① triangular pyramids   **②** square pyramids   **③** pentagonal pyramids

ⓒ 사각뿔에 관한 설명으로 알맞지 <u>않은</u> 것은 무엇인가요?

① It has four sides.

② It has a square base.

③ The sides are all squares.

2 다음 문장을 읽고 맞으면 T, 틀리면 F에 표시하세요.

① The base of the glass pyramid at the Louvre Museum is a square.   T : F

② All the sides of a triangular pyramid are triangles.   T : F

③ The side of a pentagonal pyramid is a pentagon.   T : F

3 다음 질문에 알맞은 답이 되도록 빈칸에 들어갈 말을 본문에서 찾아 써보세요.

Q Why do the Great Pyramids in Egypt and the glass pyramid at the Louvre Museum look similar?

A It's because they are both _____ _____.

Brain Power

QR 찍고 힌트 보기

흥미로운 미션을 풀고
코딩을 위한 **사고력**도 길러보세요!

C B A

---

1 절차적 사고력

주어진 표에서 pentagon 모양으로 알파벳을 연결하면 암호를 찾을 수 있습니다.
단서 와 그림 힌트를 참고하여 두 암호를 찾고, 그 뜻을 써보세요.

단서

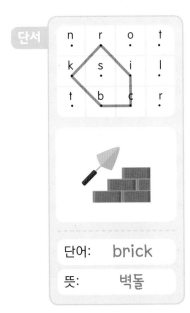

n	r	o	t
k	s	i	l
t	b	c	r

단어: brick

뜻: 벽돌

m	l	e	a
o	p	e	s
a	s	h	r

단어:

뜻:

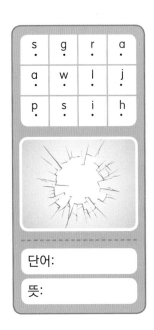

s	g	r	a
a	w	l	j
p	s	i	h

단어:

뜻:

---

2 문제 해결력

길을 통과하기 위해서는 스핑크스가 내는 문제를 맞혀야 합니다. 스핑크스에게
다섯 번의 질문을 할 수 있고, 스핑크스는 Yes 또는 No로만 대답합니다. 빈칸에
알맞은 정답을 써보세요.

Does it have four sides?

Yes.

Are the sides triangles?

Yes.

Does it have one base?

Yes.

Is the base a triangle?

No.

Is the base a square?

Yes.

Aha! It is a
_____ _____!

Yes!

Wrap UP!

Unit 01 아래 그림의 ①~④가 가리키는 부분에 해당하는 단어를 보기 에서 골라 써보세요.

보기   hospital   rainbow   playground   wall

①
②
③
④

기억이 안 난다면? 42쪽으로 이동하세요.

Unit 02 보기 에서 알맞은 말을 골라 화성 관광 안내서의 빈칸을 완성해보세요.

보기   bricks   materials   walk along   invented   dynasty

Hwaseong Fortress is special!
Many people _____
this fortress.

- The fortress is from the Joseon
  _____.
- People built the fortress with
  stones, wood, and _____.
  So the fortress is strong.
- People _____ the
  geojunggi for its construction.
  It moved heavy _____.

기억이 안 난다면? 48쪽으로 이동하세요.

Unit 03 아래 각 사진 속 건축물에 관한 설명을 찾아 바르게 연결해보세요.

| Its name is Casa Milà. | Its name is the Sagrada Família. | Its name is Park Güell. |

| It looks like a large sandcastle. | The lines look like huge ocean waves. | It looks like a land from a fairy tale. |

기억이 안 난다면? 54쪽으로 이동하세요.

Unit 04 다음은 세 종류의 각뿔의 성질에 관해 정리한 표입니다. 보기 에서 알맞은 말을 골라 빈칸을 완성해보세요.

보기   three   pentagon   four   square   five   triangle

Pyramids	Triangular pyramids	_____ pyramids	Pentagonal pyramids
Base	a _____	a square	a _____
Sides	_____ sides	_____ sides	_____ sides

기억이 안 난다면? 60쪽으로 이동하세요.

여러 도형들이 겹쳐져 있습니다. 똑같이 겹쳐져 있는 두 개를 골라보세요.

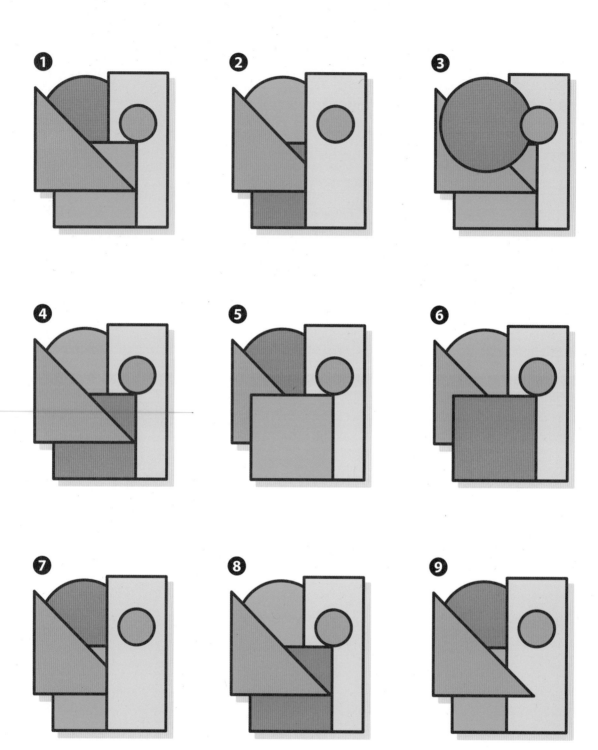

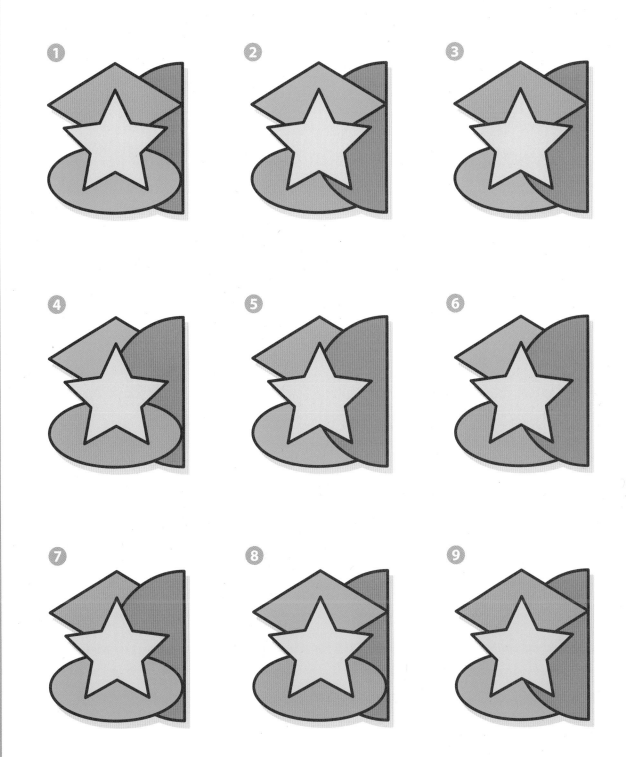

Chapter 3 Ice

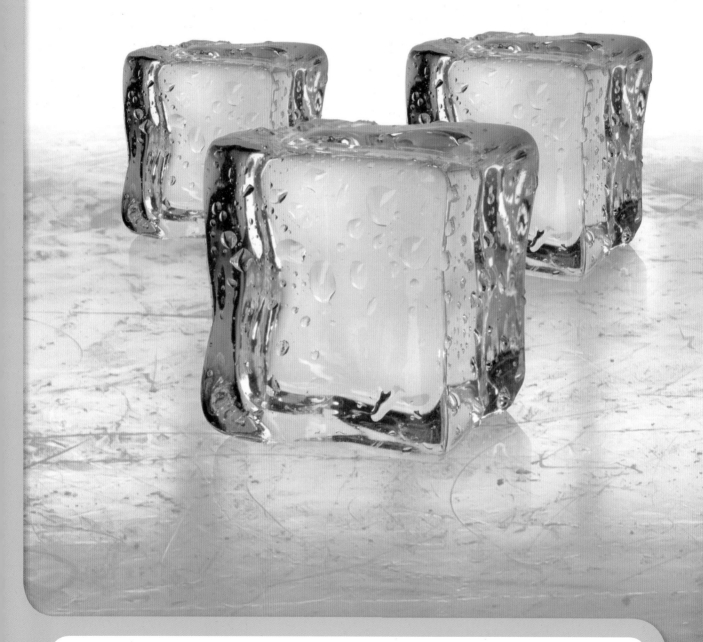

뜨거운 여름에 더위를 물리치는 데 얼음만 한 것도 없죠? 물에 얼음을 띄워 마시면 입안에 겨울이 찾아온 듯 시원해져요. 그렇다면 얼음은 어떻게 만들어질까요? 이번 Chapter에서는 얼음의 특징부터 얼음으로 덮여 있는 지역, 얼음으로 가득한 세계의 여러 겨울 축제까지, 얼음과 관련된 흥미로운 이야기들을 읽어봅시다.

과학

UNIT 01

Water and Ice

사회

UNIT 02

The Arctic and the Antarctic

미술

UNIT 03

Winter Festivals

수학

UNIT 04

Which Piece of Ice Is Bigger?

Chapter Q   How can you make ice?

UNIT 01 과학

Are water and ice different? Yes ☐ No ☐

Water and Ice

Subject Words QR코드를 이용하여 단어를 듣고 따라 읽어보세요.

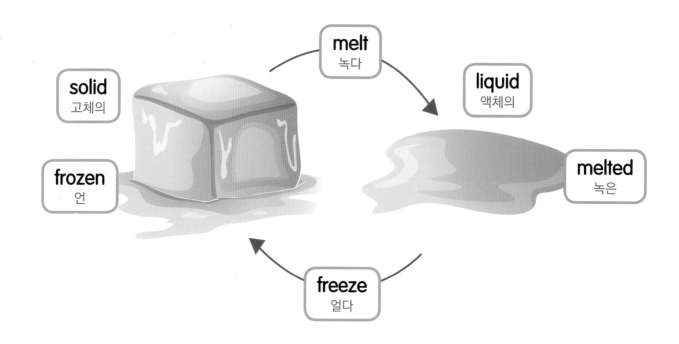

melt 녹다

solid 고체의

frozen 언

liquid 액체의

melted 녹은

freeze 얼다

More Words QR코드를 이용하여 단어와 예문을 듣고 따라 읽어보세요.

grab
붙잡다

The baby grabbed
my finger.

take
(어떤 형태를) 취하다

The water takes
the shape of the cup.

container
그릇

There is food in the
plastic container.

clear
투명한

Window glass is clear.

form
형태

Ice is the solid form
of water.

keep
유지하다

I keep a good relationship
with my parents.

72

Vocabulary Check

Subject Words 그림과 뜻을 보고 알맞은 단어를 쓰세요.

①
녹다

_____

②
녹은

_____

③
액체의

_____

④
얼다

_____

⑤
언

_____

⑥
고체의

_____

More Words 우리말에 맞는 문장이 되도록 알맞은 단어를 고르세요.

① 창문 유리는 투명합니다.　　Window glass is　clear / creative　.

② 얼음은 물의 고체 형태입니다.　　Ice is the solid　poem / form　of water.

③ 아기가 내 손가락을 붙잡았습니다.　　The baby　grabbed / reached　my finger.

④ 물은 컵의 모양을 취합니다.　　The water　detects / takes　the shape of the cup.

⑤ 플라스틱 그릇에 음식이 있습니다.　　There is food in the plastic　container / castle　.

⑥ 나는 부모님과 좋은 관계를 유지합니다.　I　save / keep　a good relationship with my parents.

Chapter 3 Ice　**73**

지문을 듣고
따라 읽어보세요.

Water and Ice

Water

Water is liquid. So we cannot grab water.

Water can change its shape.

Water takes the shape of its container.

Water is always clear.

So we can see things in water.

Water can freeze. Frozen water is ice.

⊙ Key Grammar   make A from B

We can make ice from water.   우리는 물로 얼음을 만들 수 있습니다.

'B로 A를 만듭니다'는 영어로 'make A from B'로 표현할 수 있습니다.

🔊 We make cheese from milk. 우리는 우유로 치즈를 만듭니다.
We make paper from trees. 우리는 나무로 종이를 만듭니다.

Ice

Ice is the solid form of water. So we can grab ice.

We can take ice out of its container.

And ice will still keep its shape.

Ice is not always clear.

Ice can melt. Melted ice is water.

Water and ice look different.

They have different shapes and colors.

But they are not totally different.

We can make ice from water.

We can make water from ice.

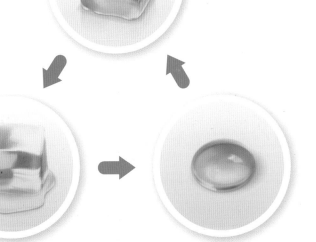

 얼음은 투명할까, 불투명할까?

물을 얼음 트레이에 넣어 냉동실에 일정 시간 동안 두면 얼음이 돼요. 이렇게 만든 얼음은 투명할까요, 아니면 불투명할까요? 정답은 둘 다예요. 얼음의 표면이 얼면서 빠져나가지 못한 기체가 안에 남아 있으면 얼음이 불투명하게 보인답니다. 하지만, 물을 끓여 물 속에 녹아있는 공기를 제거한 후 그 물을 곧바로 얼리면 맑고 투명한 얼음을 얻을 수 있어요!

1 다음 질문의 답으로 가장 적절한 것을 골라 보세요.

ⓐ 이 글의 주제는 무엇인가요?

   1 various shapes of ice

   2 how to make ice from water

   3 the differences between water and ice

ⓑ 물은 다음 중 어떤 상태인가요?

   1 solid   **2** liquid   **3** gas

ⓒ 얼음에 관한 설명으로 알맞지 <u>않은</u> 것은 무엇인가요?

   1 We can grab it.

   2 It is always clear.

   3 It keeps its shape.

2 다음 문장을 읽고 맞으면 T, 틀리면 F에 표시하세요.

   1 Water takes the shape of its container.   T ⋮ F

   2 Water and ice have the same shapes and colors.   T ⋮ F

   3 We can see things in water, because water is clear.   T ⋮ F

3 다음 질문에 알맞은 답이 되도록 빈칸에 들어갈 말을 본문에서 찾아 써보세요.

Q How are water and ice not totally different?

A It's because we can make ice from _____, and also we can make water from _____.

Brain Power

흥미로운 미션을 풀고
코딩을 위한 사고력도 길러보세요!

C
B
A

---

1 절차적 사고력

미로를 빠져 나오려면 그림과 아래의 단어가 알맞게 짝지어진 방만을 통과해야 합니다. 출발 지점부터 도착 지점까지 알맞은 길을 찾아 선으로 이어보세요.

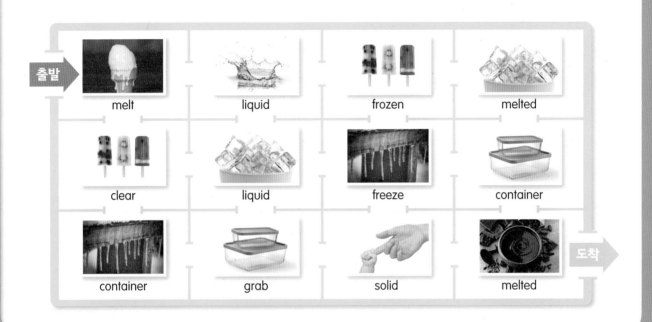

출발

melt	liquid	frozen	melted
clear	liquid	freeze	container
container	grab	solid	melted

도착

---

2 문제 해결력

여섯 명의 친구가 물 또는 얼음을 먹고 싶어 합니다. 자신이 먹고 싶은 것을 <u>잘못</u> 설명한 친구에게 V 표시해보세요.

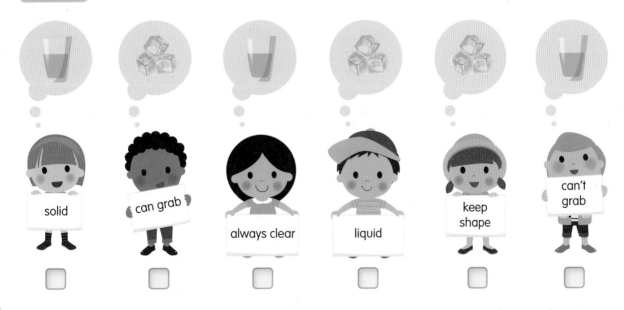

solid | can grab | always clear | liquid | keep shape | can't grab

The Arctic and the Antarctic

Subject Words QR코드를 이용하여 단어를 듣고 따라 읽어보세요.

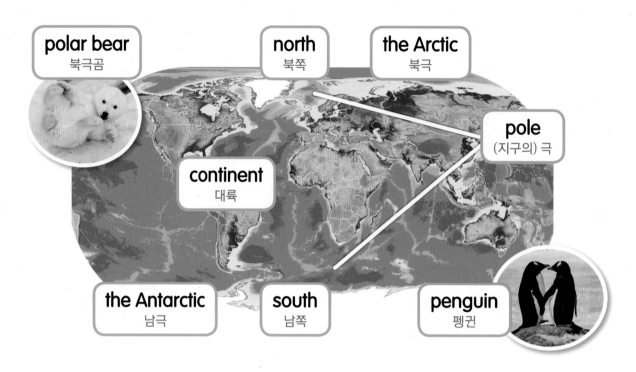

polar bear
북극곰

north
북쪽

the Arctic
북극

pole
(지구의) 극

continent
대륙

the Antarctic
남극

south
남쪽

penguin
펭귄

More Words QR코드를 이용하여 단어와 예문을 듣고 따라 읽어보세요.

cold
추운

It's so cold outside.

average
평균의

The average number of students in a class is 15.

desert
사막

This desert is hot.

dry
건조한

My eyes are too dry.

do research
조사하다

They did research together.

stay
머무르다

I stayed in bed all day.

78

Vocabulary Check

Subject Words 그림과 뜻을 보고 알맞은 단어를 쓰세요.

① 북쪽	② 남쪽	③ 북극곰	④ 펭귄
⑤ 북극	⑥ 남극	⑦ (지구의) 극	⑧ 대륙

More Words 우리말에 맞는 문장이 되도록 알맞은 단어를 고르세요.

❶ 나의 눈은 너무 건조합니다.　　　　My eyes are too dry / deep .

❷ 나는 하루 종일 침대에 머물렀습니다.　I paid / stayed in bed all day.

❸ 이 사막은 덥습니다.　　　　　　　This desert / dessert is hot.

❹ 밖이 매우 춥습니다.　　　　　　　It's so cold / cool outside.

❺ 그들은 함께 조사했습니다.　　　　They did homework / did research together.

❻ 한 반의 평균 학생 수는 15명입니다.　The average / amazing number of students
in a class is 15.

The Arctic and the Antarctic

This is the Arctic.

It's the area around the North Pole.

It's a frozen ocean. It's very cold.

The average temperature is from -24°C to 0°C.

Some people live here. They are called the Inuit.
이누이트

No penguins live here. But polar bears live here!

the Arctic 북극

⊙ Key Grammar　　from A to B

The average temperature is from -24°C to 0°C.　평균 기온은 섭씨 영하 24도부터 0도까지입니다.

'from A to B'는 'A부터 B까지'라는 의미예요. 주로 장소, 기온, 시간 등의 시작점부터 끝 지점까지의 범위를 나타내는 표현입니다.

예 I go to school from Monday to Friday.　나는 월요일부터 금요일까지 학교에 갑니다.
The restaurant is open from five to ten.　그 식당은 다섯 시부터 열 시까지 문을 엽니다.

the Antarctic 남극

This is the Antarctic.

It's the area around the South Pole.

It's a continent. It's the largest desert on Earth.

It's very cold and dry.

The average temperature is from -60°C to -28.2°C.

Nobody lives here. But people visit and do research here.

They stay here from about November to February.

No polar bears live here. But penguins live here!

북극에는 곰이 있는데 왜 남극에는 곰이 없을까?

북극곰은 원래 북극 근처 시베리아와 알래스카에서 살던 흑곰이었어요. 먹이를 찾아 헤매던 흑곰이 북극까지 이동해서 북극의 환경에 적응하며 지금과 같은 흰곰이 되었답니다. 그렇다면 왜 이 곰들은 먹이를 찾아 남극까지는 가지 못한 것일까요? 그 이유는, 남극은 남극해라는 깊고 넓은 바다에 둘러싸여있기 때문이에요. 곰이 최대 헤엄칠 수 있는 거리는 25 km밖에 되지 않거든요!

1 다음 질문의 답으로 가장 적절한 것을 골라 보세요.

ⓐ 이 글의 주제는 무엇인가요?

① the largest desert on Earth

② the Antarctic's four seasons

③ the two polar areas on Earth

ⓑ 다음 중 북극(the Arctic)에 관해 언급되지 <u>않은</u> 것은 무엇인가요?

① its size ② its average temperature ③ what animals live there

ⓒ 남극(the Antarctic)에 관한 설명으로 알맞지 <u>않은</u> 것은 무엇인가요?

① It's a cold and dry continent.

② No people live there, but penguins live there.

③ The average temperature is from -24°C to 0°C.

2 다음 문장을 읽고 맞으면 T, 틀리면 F에 표시하세요.

① The Arctic is a frozen ocean. T : F

② The Inuit live in the Antarctic. T : F

③ The Antarctic is the area around the South Pole. T : F

3 다음 질문에 알맞은 답이 되도록 빈칸에 들어갈 말을 본문에서 찾아 써보세요.

Q When do people stay in the Antarctic?

A They stay there from about _____ to _____.

Brain Power

홍미로운 미션을 풀고
코딩을 위한 사고력도 길러보세요!

1 추상화 사고력

구멍이 뚫린 색종이 두 장을 겹쳐 오른쪽 표에 올렸을 때 보이는 알파벳을 조합하여 단어를 만들고 그 뜻을 써보세요.

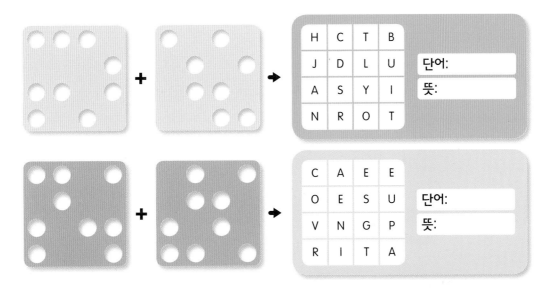

H	C	T	B
J	D	L	U
A	S	Y	I
N	R	O	T

단어:

뜻:

C	A	E	E
O	E	S	U
V	N	G	P
R	I	T	A

단어:

뜻:

2 문제 해결력

펭귄이 사는 곳에 관한 알맞은 설명을 따라 펭귄이 집까지 갈 수 있도록 길을 찾아주세요.

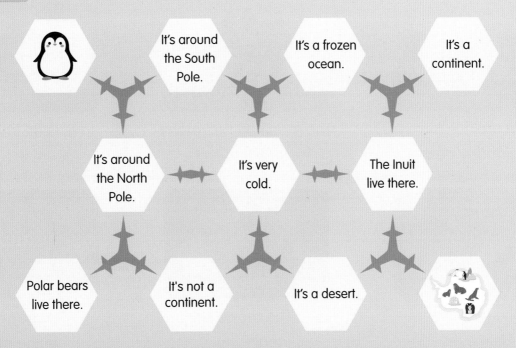

Winter Festivals

Subject Words QR코드를 이용하여 단어를 듣고 따라 읽어보세요.

activity
활동

festival
축제

carnival
축제

sculpture
조각품

fishing
낚시

sledding
썰매타기

light 빛, (빛을) 비추다
참고 과거형 lit

More Words QR코드를 이용하여 단어와 예문을 듣고 따라 읽어보세요.

hold
열다

We are holding
a birthday party.

historical
역사적인

The museum has many
historical objects.

figure
인물

He is an important
figure in history.

vivid
선명한

She has vivid
blue eyes.

fun
재미있는

The movie is
really fun.

enjoy
즐기다

We enjoy fishing
in the river.

Vocabulary Check

Subject Words 그림과 뜻을 보고 알맞은 단어를 쓰세요.

1

축제

_____ / _____

2

활동

_____

3

썰매타기

_____

4

낚시

_____

5

조각품

_____

6

빛, (빛을) 비추다

_____

More Words 우리말에 맞는 문장이 되도록 알맞은 단어를 고르세요.

1 그녀는 선명한 파란 눈을 가지고 있습니다.
She has light / vivid blue eyes.

2 그 영화는 정말 재미있습니다.
The movie is really serious / fun .

3 우리는 생일 파티를 열고 있습니다.
We are holding / visiting a birthday party.

4 우리는 강에서 낚시를 즐깁니다.
We learn / enjoy fishing in the river.

5 그는 역사에서 중요한 인물입니다.
He is an important soldier / figure in history.

6 그 박물관에는 역사적인 물건들이 많이 있습니다.
The museum has many historical / chemical objects.

Winter Festivals

Winter is the time for snow and ice.

Many countries hold festivals in winter.

Here are some famous winter festivals.

This snow festival takes place in Sapporo, Japan.

It has huge snow and ice sculptures.

People can see historical buildings made of ice.

They can see famous figures made of ice too.

삿포로 눈축제

🔎 Key Grammar   take place

This snow festival takes place in Sapporo, Japan.   이 눈 축제는 일본 삿포로에서 개최됩니다.

'개최됩니다', '열립니다'는 영어로 'take place'로 표현할 수 있어요. 이 표현은 주로 미리 준비되거나 계획된 일이 일어날 때 씁니다.

🖋 The soccer game will take place in Germany. 축구 경기는 독일에서 개최될 것입니다.
The festival takes place on the island every year. 축제는 매년 그 섬에서 열립니다.

This is the Harbin Ice and Snow Festival.

It takes place in Harbin, China.

The ice sculptures are lit in different colors.

The lights are very vivid and colorful.

하얼빈 국제 빙설제

This is the Quebec Winter Carnival.

It takes place in Quebec, Canada.

It has fun winter activities.

People enjoy ice fishing.

They enjoy sledding on ice too.

퀘벡 윈터 카니발

얼음나라, 화천 산천어 축제

우리나라에도 겨울 축제가 있다는 사실, 알고 있나요? 바로 강원도 화천에서 열리는 산천어 축제랍니다. 산천어 축제에서는 꽁꽁 언 얼음 위에 구멍을 뚫어서 산천어를 낚는 얼음낚시를 즐길 수 있어요. 또, 얼음물 속에 발을 담그고 맨손으로 산천어를 잡아 올리는 체험도 할 수 있답니다. 이뿐만 아니라 온 가족이 함께 썰매를 타거나 거대한 건축물과 조각상을 볼 수도 있어요.

1 다음 질문의 답으로 가장 적절한 것을 골라 보세요.

ⓐ 이 글의 주제는 무엇인가요?

   ❶ huge ice sculptures in Asia

   ❷ how to enjoy fun activities in winter

   ❸ famous winter festivals in other countries

ⓑ 각 나라의 겨울 축제들에 관한 설명으로 알맞지 <u>않은</u> 것은 무엇인가요?

   ❶ We can see buildings made of ice in Sapporo.

   ❷ The ice sculptures in Harbin are lit in the same color.

   ❸ We can enjoy ice fishing in Quebec.

ⓒ 다음 중 퀘벡의 겨울 축제에서 즐길 수 있는 활동은 무엇인가요?

   ❶ sledding   ❷ swimming   ❸ camping

2 다음 문장을 읽고 맞으면 T, 틀리면 F에 표시하세요.

❶ There are famous figures made of ice in Sapporo.   T | F

❷ Ice sculptures in Harbin are lit with vivid and colorful lights.   T | F

❸ People in Quebec don't enjoy winter activities.   T | F

3 다음 질문에 알맞은 답이 되도록 빈칸에 들어갈 말을 본문에서 찾아 써보세요.

Q What can we see at the Sapporo Snow Festival?

A We can see huge snow and ice _____, such as _____ buildings and famous _____ made of ice.

Brain Power

흥미로운 미션을 풀고
코딩을 위한 사고력도 길러보세요!

문제 해결력

민수는 알맞은 길을 따라 깃발까지 가야 합니다. 규칙 을 보고 알맞은 길을 표시하고,
그 길에서 얻은 알파벳을 조합하여 단어를 완성하고 그 뜻도 함께 써보세요.

규칙
1. 빨간색 화살표를 지나는 데 3분, 파란색 화살표를 지나는 데 5분, 초록색 화살표를
   지나는 데 7분이 걸려요.
2. 한 번 지나간 길은 다시 지나갈 수 없지만 노란색 동그라미는 여러 번 지나갈 수 있어요.

딱 35분 만에 도착해야 해!

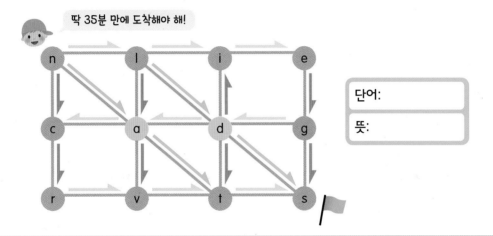

단어:

뜻:

논리적 사고력

세 명의 친구들은 서로 다른 겨울 축제에 다녀왔습니다. 아래 단서 를 참고하여
표와 빈칸을 완성해보세요.

단서

's friend saw buildings and figures made of ice.

's sister enjoyed ice fishing with friends.

doesn't have a sister.

	Sapporo	Harbin	Quebec

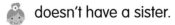

went to the festival in _____.

went to the festival in _____.

went to the festival in _____.

UNIT 04 수학

Which Piece of Ice Is Bigger?

Subject Words QR코드를 이용하여 단어를 듣고 따라 읽어보세요.

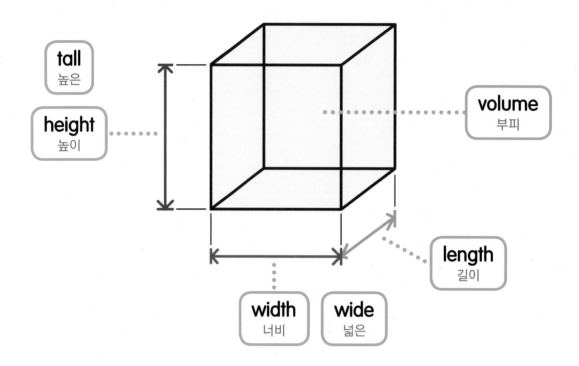

tall 높은

height 높이

volume 부피

length 길이

width 너비

wide 넓은

More Words QR코드를 이용하여 단어와 예문을 듣고 따라 읽어보세요.

receive 받다

The boy received a letter.

piece 조각

There is a piece of cake on the table.

compare 비교하다

The girl is comparing two apples.

multiply 곱하다

I can multiply numbers in my head.

result 결과

I got an interesting result.

therefore 그러므로

Some animals are rare. Therefore, we should protect them.

Vocabulary Check

Subject Words 그림과 뜻을 보고 알맞은 단어를 쓰세요.

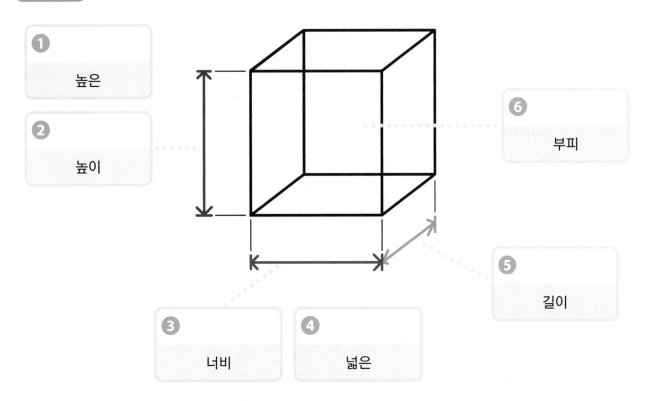

1 높은

2 높이

3 너비

4 넓은

5 길이

6 부피

More Words 우리말에 맞는 문장이 되도록 알맞은 단어를 고르세요.

1 소녀가 두 사과를 비교하고 있습니다.
The girl is comparing / grabbing two apples.

2 소년이 편지를 받았습니다.
The boy read / received a letter.

3 나는 흥미로운 결과를 얻었습니다.
I got an interesting result / report .

4 나는 머릿속으로 숫자를 곱할 수 있습니다.
I can add / multiply numbers in my head.

5 식탁 위에 케이크 한 조각이 있습니다.
There is a piece / pile of cake on the table.

6 몇몇 동물들은 희귀합니다. 그러므로
우리는 그들을 보호해야 합니다.
Some animals are rare.
But / Therefore , we should protect them.

Which Piece of Ice Is Bigger?

지문을 듣고
따라 읽어보세요.

Jenny

Eric

Jenny and Eric each received a piece of ice.

Jenny's piece of ice seems taller than Eric's.

But Eric's piece of ice seems wider than Jenny's.

Which one is bigger? How do we compare them?

We compare them by measuring their volumes.

⚙ Key Grammar　　**seem**

Jenny's piece of ice seems taller than Eric's.　　Jenny의 얼음 조각이 Eric의 것보다 높아 보입니다.

'seem'은 '(~인 것처럼) 보입니다', '~인 것 같습니다'라는 뜻의 동사예요. seem 뒤에는 주어의 상태를 설명하는
형용사나 명사를 씁니다.

📣 You seem happy. 당신은 행복해 보입니다.
　　Your T-shirt seems large. 당신의 티셔츠는 커 보입니다.

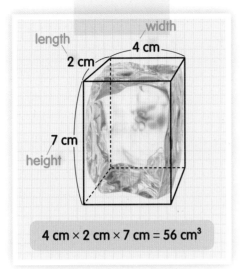

Jenny's piece of ice

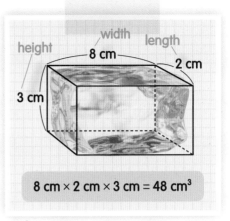

Eric's piece of ice

Jenny's piece of ice is 4 cm in width.

It is 2 cm in length and 7 cm in height.

Eric's piece of ice is 8 cm in width.

It is 2 cm in length and 3 cm in height.

Multiply width, length, and height. The result is the volume.

The volume of Jenny's piece of ice is 56 cm^3.

The volume of Eric's piece of ice is 48 cm^3.

Therefore, Jenny's piece of ice is bigger!

직육면체의 부피를 구해보자!

직육면체는 직사각형 여섯 개가 면을 이루어 둘러싸고 있는 도형이에요. 이 직육면체의 부피는 어떻게 측정할까요? 우선 한 밑면의 넓이를 구한 뒤 높이를 곱해줍니다. 공식으로 정리하면, '한 밑면의 넓이 × 높이', 즉 '가로 × 세로 × 높이'가 됩니다. 주위에서 직육면체 모양의 물건을 찾아보세요. 그리고 직육면체의 부피를 구하는 공식을 이용하여 부피를 구해볼까요?

1 다음 질문의 답으로 가장 적절한 것을 골라 보세요.

ⓐ 이 글의 주제는 무엇인가요?

❶ Jenny's big piece of ice

❷ the volumes of two pieces of ice

❸ the difference between length and height

ⓑ 다음 중 부피를 구할 때 필요한 것이 <u>아닌</u> 것은 무엇인가요?

❶ width   ❷ length   ❸ weight

ⓒ Eric의 얼음 조각에 관한 설명으로 알맞은 것은 무엇인가요?

❶ It is taller than Jenny's piece of ice.

❷ It is wider than Jenny's piece of ice.

❸ It is bigger than Jenny's piece of ice.

2 다음 문장을 읽고 맞으면 T, 틀리면 F에 표시하세요.

❶ Jenny's piece of ice is taller than Eric's. ⟨ T : F ⟩

❷ The volume of Eric's piece of ice is 56 cm^3. ⟨ T : F ⟩

❸ Eric's piece of ice is smaller than Jenny's. ⟨ T : F ⟩

3 다음 질문에 알맞은 답이 되도록 빈칸에 들어갈 말을 본문에서 찾아 써보세요.

Q How do we measure volume?
A We measure volume by multiplying _____, _____, and _____. The _____ is the volume.

Brain Power

흥미로운 미션을 풀고
코딩을 위한 사고력도 길러보세요!

논리적 사고력 세 친구가 얼음 조각을 하나씩 가지고 있어요. 친구들의 설명을 듣고 친구들이 가진 얼음 조각을 모눈종이에 그려보세요.

A My piece of ice is 5 cm in width. And the length and height are the same. The volume of my piece of ice is 80 cm³.

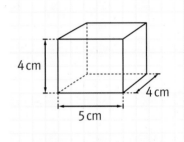

B My piece of ice is 6 cm in height and 4 cm in width. The volume of my piece of ice is the same as the volume of C's.

C My piece of ice is 3 cm in length and 2 cm in width. The volume of my piece of ice is 48 cm³.

Wrap UP!

Unit 01 얼음과 물에 관한 알맞은 설명을 찾아 각각 바르게 연결해보세요.

It is liquid.

We can grab it.

It is always clear.

It keeps its shape.

It can change its shape.

It is not always clear.

It is solid.

We can't grab it.

기억이 안 난다면? 72쪽으로 이동하세요.

Unit 02 빈칸에 들어갈 알맞은 말을 보기 에서 골라 북극과 남극에 관한 설명을 완성해보세요.

보기   North   South   research   polar bears   penguins

The Arctic	The Antarctic
• It's around the _____ Pole.	• It's around the _____ Pole.
• It's a frozen ocean.	• It's a continent.
• The Inuit live here.	• People visit and do _____ here.
• _____ live here.	• _____ live here.

기억이 안 난다면? 78쪽으로 이동하세요.

Unit 03 다음은 세 개의 다른 겨울 축제를 설명한 글입니다. 보기 에서 알맞은 말을 골라 빈칸을 완성해보세요.

보기   fishing   historical   vivid   activities   figures

Winter Festivals

Sapporo, Japan ●

We can see ...
- _____ buildings made of ice
- famous _____ made of ice

Harbin, China

We can see ...
- very _____ and colorful ice sculptures

Quebec, Canada

We can enjoy ...
- fun winter _____
- ice _____ and sledding on ice

기억이 안 난다면? 84쪽으로 이동하세요.

Unit 04 두 개의 얼음 조각에 관한 정보를 참고하여 빈칸에 알맞은 숫자를 써보세요.

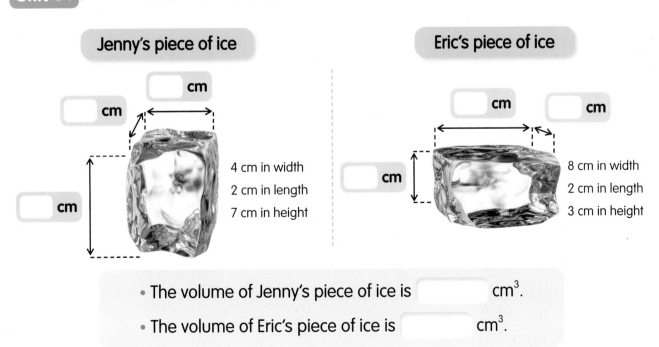

Jenny's piece of ice

[ ] cm
[ ] cm
[ ] cm

4 cm in width
2 cm in length
7 cm in height

Eric's piece of ice

[ ] cm
[ ] cm
[ ] cm

8 cm in width
2 cm in length
3 cm in height

- The volume of Jenny's piece of ice is [   ] cm³.
- The volume of Eric's piece of ice is [   ] cm³.

기억이 안 난다면? 90쪽으로 이동하세요.

아래 계산식을 참고하여 마지막 문제의 답을 써보세요.

$21 \div$ 🍎 $= 3$

$56 \div$ 🍎 $=$ 🍄 $*$ 🍐

$28 \div$ 🍎 $*$ 🍐 $= 16$

$20 \div$ 🍄 $+$ 🍎 $*$ 🍐 $= ?$

답 : _____

27 ÷ =

54 ÷ = *

12 ÷ = *

36 ÷ + * = ?

답 : _____

MEMO

Photo Credits

p. 26   https://upload.wikimedia.org/wikipedia/commons/d/d4/
         Wassily_Kandinsky%2C_1939_-_Composition_X.png

p. 27   https://upload.wikimedia.org/wikipedia/commons/8/86/
         Vassily_Kandinsky%2C_1911_-_Composition_No_4.jpg
         https://upload.wikimedia.org/wikipedia/commons/4/47/
         Vassily_Kandinsky%2C_1923_-_Composition_8%2C_huile_sur_toile%2C_
         140_cm_x_201_cm%2C_Mus%C3%A9e_Guggenheim%2C_New_York.jpg

p. 37   https://upload.wikimedia.org/wikipedia/commons/4/47/
         Vassily_Kandinsky%2C_1923_-_Composition_8%2C_huile_sur_toile%2C_
         140_cm_x_201_cm%2C_Mus%C3%A9e_Guggenheim%2C_New_York.jpg

p. 41   Ttstudio / Shutterstock.com

p. 57, 59, 67   Jaroslav Moravcik / Shutterstock.com

others
www.shutterstock.com
commons.wikimedia.org

지은이

NE능률 영어교육연구소

NE능률 영어교육연구소는 혁신적이며 효율적인 영어 교재를 개발하고
영어 학습의 질을 한 단계 높이고자 노력하는 NE능률의 연구 조직입니다.

초등영어 리딩이 된다 Jump 3

펴 낸 이	주민홍
펴 낸 곳	서울특별시 마포구 월드컵북로 396(상암동) 누리꿈스퀘어 비즈니스타워 10층 ㈜NE능률 (우편번호 03925)
펴 낸 날	2019년 1월 5일 초판 제1쇄
전 화	02 2014 7114
팩 스	02 3142 0356
홈 페 이 지	www.neungyule.com
등 록 번 호	제1-68호
I S B N	979-11-253-2503-1
정 가	14,000원

NE 능률

고객센터

교재 내용 문의 : contact.nebooks.co.kr (별도의 가입 절차 없이 작성 가능)
제품 구매, 교환, 불량, 반품 문의 : 02-2014-7114
☎ 전화문의는 본사 업무시간 중에만 가능합니다.

NE능률 교재 MAP

독해

아래 교재 MAP을 참고하여 본인의 현재 혹은 목표 수준에 따라 교재를 선택하세요.
NE능률 교재들과 함께 영어실력을 쑥쑥~ 올려보세요!
MP3 등 교재 부가 학습 서비스 및 자세한 교재 정보는 www.nebooks.co.kr 에서 확인하세요.

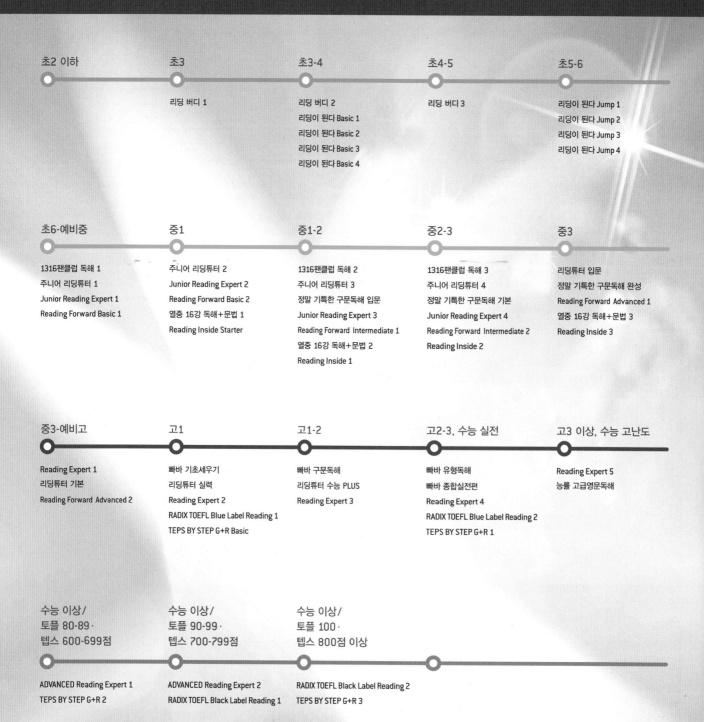

초2 이하

초3

리딩 버디 1

초3-4

리딩 버디 2
리딩이 된다 Basic 1
리딩이 된다 Basic 2
리딩이 된다 Basic 3
리딩이 된다 Basic 4

초4-5

리딩 버디 3

초5-6

리딩이 된다 Jump 1
리딩이 된다 Jump 2
리딩이 된다 Jump 3
리딩이 된다 Jump 4

초6-예비중

1316팬클럽 독해 1
주니어 리딩튜터 1
Junior Reading Expert 1
Reading Forward Basic 1

중1

주니어 리딩튜터 2
Junior Reading Expert 2
Reading Forward Basic 2
열중 16강 독해+문법 1
Reading Inside Starter

중1-2

1316팬클럽 독해 2
주니어 리딩튜터 3
정말 기특한 구문독해 입문
Junior Reading Expert 3
Reading Forward Intermediate 1
열중 16강 독해+문법 2
Reading Inside 1

중2-3

1316팬클럽 독해 3
주니어 리딩튜터 4
정말 기특한 구문독해 기본
Junior Reading Expert 4
Reading Forward Intermediate 2
Reading Inside 2

중3

리딩튜터 입문
정말 기특한 구문독해 완성
Reading Forward Advanced 1
열중 16강 독해+문법 3
Reading Inside 3

중3-예비고

Reading Expert 1
리딩튜터 기본
Reading Forward Advanced 2

고1

빠바 기초세우기
리딩튜터 실력
Reading Expert 2
RADIX TOEFL Blue Label Reading 1
TEPS BY STEP G+R Basic

고1-2

빠바 구문독해
리딩튜터 수능 PLUS
Reading Expert 3

고2-3, 수능 실전

빠바 유형독해
빠바 종합실전편
Reading Expert 4
RADIX TOEFL Blue Label Reading 2
TEPS BY STEP G+R 1

고3 이상, 수능 고난도

Reading Expert 5
능률 고급영문독해

**수능 이상/
토플 80-89·
텝스 600-699점**

ADVANCED Reading Expert 1
TEPS BY STEP G+R 2

**수능 이상/
토플 90-99·
텝스 700-799점**

ADVANCED Reading Expert 2
RADIX TOEFL Black Label Reading 1

**수능 이상/
토플 100·
텝스 800점 이상**

RADIX TOEFL Black Label Reading 2
TEPS BY STEP G+R 3

초등영어
리딩이
튄다

Jump 3

Words
100

WORKBOOK·정답 및 해설

NE
능률

초등영어 리딩이 된다

Jump 3

WORKBOOK

Seodong's Song

Subject Words 빈칸에 들어갈 알맞은 단어를 쓰세요.

More Words 우리말에 맞도록 빈칸에 들어갈 알맞은 말을 보기 에서 찾아 쓰세요.

보기 angry   wish   interesting   kicked ~ out   taught   true

1 There is an _____ tale from Silla.

신라에서 온 흥미로운 이야기가 있습니다.

2 The song was not _____. It was Seodong's _____.

그 노래는 사실이 아니었습니다. 그것은 서동의 소원이었습니다.

3 Seodong _____ children the song.

서동은 그 노래를 아이들에게 가르쳤습니다.

4 Seonhwa's father heard the song and got _____.

선화의 아버지는 그 노래를 듣고 화가 났습니다.

5 Seonhwa's father _____ Seonhwa _____.

선화의 아버지는 선화를 쫓아냈습니다.

want to ~   ~하고 싶습니다

'~하고 싶습니다'는 영어로 'want to ~'로 표현할 수 있어요. 'want to ~'의 과거형은 'wanted to ~' 이고, '~하고 싶었습니다'로 해석합니다. want(ed) to 다음에는 꼭 동사원형을 써야 합니다.

Step 1 빈칸을 알맞게 채워 문장을 완성해 보세요.

① 서동은 공주와 결혼하고 싶었습니다.

→ Seodong _____ _____ marry the princess.

② 서동은 그 노래를 퍼뜨리고 싶었습니다.

→ Seodong _____ _____ spread the song.

Step 2 우리말 뜻에 맞게 괄호 안의 단어를 알맞은 순서로 배열해 보세요.

① 나는 집에 가고 싶습니다. (want to, I, go, home)

→ _____.

② Anna는 눈사람을 만들고 싶었습니다. (Anna, build, a snowman, wanted to)

→ _____.

Step 3 우리말 뜻에 맞게 주어진 단어를 사용해 문장을 만들어 보세요.

① 나는 과학자가 되고 싶습니다. (a scientist, I, be)

→ _____.

② 내 동생은 장난감을 사고 싶었습니다. (buy, my brother, a toy)

→ _____.

4 Chapter 1 Music

UNIT 02 （실과） Copyright

Subject Words 빈칸에 들어갈 알맞은 단어를 쓰세요.

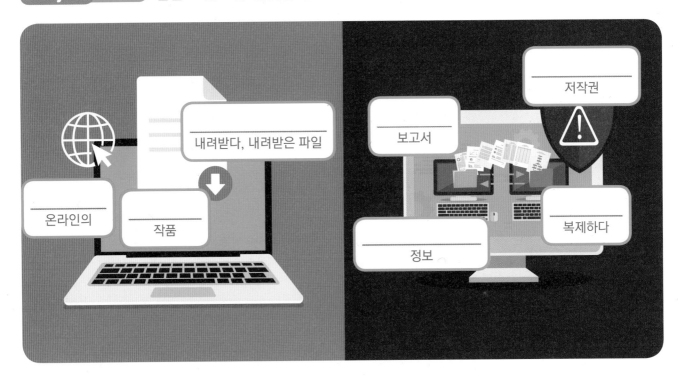

	저작권
내려받다, 내려받은 파일	보고서
온라인의	복제하다
작품	정보

More Words 우리말에 맞도록 빈칸에 들어갈 알맞은 말을 보기 에서 찾아 쓰세요.

| 보기 | effort | freely | illegal | owner | permission | protects |

1 It could be _____.

   그것은 불법일 수도 있습니다.

2 You need to get _____ from the _____.

   당신은 주인으로부터 허락을 받아야 합니다.

3 Why can't we use those things _____?

   왜 우리는 그것들을 자유롭게 이용할 수 없을까요?

4 It's because their copyright _____ them.

   왜냐하면 저작권이 그것들을 보호하기 때문입니다.

5 Every work takes _____ and time.

   모든 작품은 노력과 시간을 필요로 합니다.

need to ~   ~해야 합니다

'~해야 합니다'는 영어로 'need to ~'로 표현할 수 있어요. need to 다음에는 꼭 동사원형을 써야 합니다.

Step 1 빈칸을 알맞게 채워 문장을 완성해 보세요.

1 때때로 당신은 내려받은 파일에 대한 비용을 지불해야 합니다.

→ Sometimes you _____ _____ pay for downloads.

2 당신은 그 정보를 당신이 어떻게 구했는지 말해야 합니다.

→ You _____ _____ say how you got the information.

Step 2 우리말 뜻에 맞게 괄호 안의 단어를 알맞은 순서로 배열해 보세요.

1 나는 역사책을 한 권 사야 합니다. (a history book, buy, I, need to)

→ _____.

2 우리는 당신의 가방을 확인해야 합니다. (check, your bag, need to, we)

→ _____.

Step 3 우리말 뜻에 맞게 주어진 단어를 사용해 문장을 만들어 보세요.

1 우리는 역사를 배워야 합니다. (history, we, learn)

→ _____.

2 나는 그녀의 이름을 알아야 합니다. (her name, I, know)

→ _____.

Painting Music

Subject Words 빈칸에 들어갈 알맞은 단어를 쓰세요.

_____ 색

_____ 흰색

_____ 파란색

_____ 노란색

_____ 초록색

More Words 우리말에 맞도록 빈칸에 들어갈 알맞은 말을 **보기** 에서 찾아 쓰세요.

보기   emotions   serious   pause   matched   violin   trumpet

1 Kandinsky felt many different _____ from music.

칸딘스키는 음악으로부터 많은 다른 감정들을 느꼈습니다.

2 Kandinsky _____ colors to sounds.

칸딘스키는 색들을 소리들에 연결시켰습니다.

3 Kandinsky expressed _____ sounds with yellow.

칸딘스키는 노란색으로 트럼펫 소리를 표현했습니다.

4 Kandinsky expressed _____ sounds with green.

칸딘스키는 초록색으로 바이올린 소리를 표현했습니다.

5 White meant a _____ .

흰색은 멈춤을 의미했습니다.

6 Kandinsky expressed _____ emotions with blue.

칸딘스키는 파란색으로 진지한 감정을 표현했습니다.

전치사 with   ~로, ~을 이용하여

'with'는 '~로', '~을 이용하여'라는 뜻으로, 도구나 수단을 나타낼 때 사용하는 전치사입니다.

Step 1 빈칸을 알맞게 채워 문장을 완성해 보세요.

1 칸딘스키는 노란색으로 트럼펫 소리를 표현했습니다.

→ Kandinsky expressed trumpet sounds _____ yellow.

2 칸딘스키는 노란색으로 따뜻한 감정을 표현했습니다.

→ Kandinsky expressed warm emotions _____ yellow.

Step 2 우리말 뜻에 맞게 괄호 안의 단어를 알맞은 순서로 배열해 보세요.

1 나는 사과로 맛있는 음식을 만듭니다. (make, apples, delicious foods, I, with)

→ _____.

2 나의 여동생은 연필로 편지를 썼습니다. (a letter, a pencil, my sister, with, wrote)

→ _____.

Step 3 우리말 뜻에 맞게 주어진 단어를 사용해 문장을 만들어 보세요.

1 그는 이 책으로 영어를 공부합니다. (English, he, studies, this book)

→ _____.

2 그녀는 종이를 이용하여 비행기를 만들었습니다. (made, paper, she, an airplane)

→ _____.

UNIT 04 | 수학 | Math in Harmony

빈칸에 들어갈 알맞은 단어를 쓰세요.

More Words 우리말에 맞도록 빈칸에 들어갈 알맞은 말을 보기 에서 찾아 쓰세요.

보기   observing   walked   hammers   mathematical   street   curious

1 One day, Pythagoras _____ down a _____.
어느 날, 피타고라스는 거리를 걷고 있었습니다.

2 Pythagoras heard the sound of _____.
피타고라스는 망치 소리를 들었습니다.

3 Pythagoras was _____ about the sound.
피타고라스는 그 소리에 대해 궁금했습니다.

4 Pythagoras started _____ the hammers.
피타고라스는 망치를 관찰하기 시작했습니다.

5 Pythagoras found _____ rules in music.
피타고라스는 음악에서 수학적 규칙을 발견했습니다.

The 비교급, the 비교급 　~하면 할수록, 더 …합니다

영어에는 다양한 비교 표현이 있어요. 그 중 'The 비교급+주어+동사, the 비교급+주어+동사'는 '~하면 할수록, 더 …합니다'라는 뜻으로 쓰이는 표현입니다.

Step 1 빈칸을 알맞게 채워 문장을 완성해 보세요.

➊ 줄이 짧으면 짧을수록, 소리가 더 높았습니다. (short, high)

→ ＿＿＿＿＿＿ ＿＿＿＿＿＿ the string was, ＿＿＿＿＿＿ ＿＿＿＿＿＿ the sound was.

➋ 줄이 길면 길수록, 소리가 더 낮았습니다. (long, low)

→ ＿＿＿＿＿＿ ＿＿＿＿＿＿ the string was, ＿＿＿＿＿＿ ＿＿＿＿＿＿ the sound was.

Step 2 우리말 뜻에 맞게 괄호 안의 단어를 알맞은 순서로 배열해 보세요.

➊ 날씨가 따뜻하면 할수록, 나는 기분이 더 좋습니다. (the weather, is, warmer, the, feel, better, I, the)

→ ＿＿＿＿＿＿＿＿＿＿＿＿＿＿＿＿＿＿＿＿＿＿＿＿＿＿＿＿＿.

➋ 당신을 보면 볼수록, 나는 당신이 더 좋습니다. (the, you, see, the, more, I, more, I, you, like)

→ ＿＿＿＿＿＿＿＿＿＿＿＿＿＿＿＿＿＿＿＿＿＿＿＿＿＿＿＿＿.

Step 3 우리말 뜻에 맞게 주어진 단어를 사용해 문장을 만들어 보세요.

➊ 그녀는 생각하면 할수록, 더 화가 났습니다. (she, thought, angry, she, became)

→ ＿＿＿＿＿＿＿＿＿＿＿＿＿＿＿＿＿＿＿＿＿＿＿＿＿＿＿＿＿.

➋ 우리가 높이 올라가면 갈수록, 더 추워집니다. (we, high, go up, it, becomes, cold)

→ ＿＿＿＿＿＿＿＿＿＿＿＿＿＿＿＿＿＿＿＿＿＿＿＿＿＿＿＿＿.

Subject Words 빈칸에 들어갈 알맞은 단어를 쓰세요.

목재

건축가

병원

강철

설계하다

학교

벽

More Words 우리말에 맞도록 빈칸에 들어갈 알맞은 말을 보기 에서 찾아 쓰세요.

보기   sick   strong   study   rainbow   safe   playground

1 Alice will paint a _____ on the wall.

Alice는 벽에 무지개를 그릴 것입니다.

2 The school will be _____ and _____.

그 학교는 안전하고 튼튼할 것입니다.

3 Alice and her friends will _____ and play at the school.

Alice와 그녀의 친구들은 그 학교에서 공부하고 놀 것입니다.

4 The hospital will have a big _____.

그 병원에는 큰 놀이터가 있을 것입니다.

5 _____ children can play at the playground.

아픈 아이들은 그 놀이터에서 놀 수 있습니다.

Grammar - Writing Link

접속사 if   만약 ~한다면

접속사 'if' 뒤에 주어와 동사를 쓰면 '만약 ~한다면'이라는 조건을 나타내는 문장을 만들 수 있어요. 조건의 문장은 미래의 일을 나타내지만 동사는 현재 시제를 씁니다.

Step 1 빈칸을 알맞게 채워 문장을 완성해 보세요.

① 만약 내가 건축가가 된다면, 나는 빨간색 지붕의 집을 지을 것입니다.

→ _____ I become an architect, I will build a house with a red roof.

② 만약 내가 건축가가 된다면, 나는 학교를 지을 것입니다.

→ _____ I become an architect, I will build a school.

Step 2 우리말 뜻에 맞게 괄호 안의 단어를 알맞은 순서로 배열해 보세요.

① 만약 내가 화가가 된다면, 나는 사람들을 그릴 것입니다. (I, paint, will, become, if, people, a painter, I)

→ _____.

② 만약 당신이 넘어진다면, 내가 일으켜 줄 것입니다. (you, help, will, fall down, if, I, up, you)

→ _____.

Step 3 우리말 뜻에 맞게 주어진 단어를 사용해 문장을 만들어 보세요.

① 만약 내가 아프다면, 나는 지금 바로 집으로 갈 것입니다. (I, go, sick, I, home, now, am, will)

→ _____.

② 만약 우리가 함께 산다면, 나는 행복할 것입니다. (I, live, happy, we, be, together, will)

→ _____.

UNIT 02 · 사회 · Hwaseong Fortress

Subject Words 빈칸에 들어갈 알맞은 단어를 쓰세요.

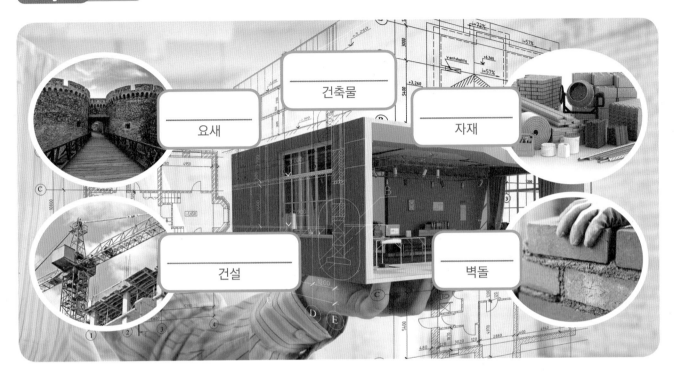

_____ 건축물

_____ 요새

_____ 자재

_____ 건설

_____ 벽돌

More Words 우리말에 맞도록 빈칸에 들어갈 알맞은 말을 보기 에서 찾아 쓰세요.

| 보기 | several | tools | invented | along | great | dynasty |

1 Hwaseong Fortress is from the Joseon _____.

화성은 조선 왕조의 것입니다.

2 The fortress is special in _____ ways.

화성은 몇몇 방식으로 특별합니다.

3 People _____ new _____ for the construction.

사람들은 건축을 위한 새로운 도구들을 발명했습니다.

4 Today, many people walk _____ the fortress.

오늘날, 많은 사람들은 화성을 따라 걷습니다.

5 People see _____ history.

사람들은 위대한 역사를 봅니다.

동사 make   ~를 …하게 만듭니다

'make'는 '만듭니다'라는 뜻의 동사입니다. make 뒤에 목적어와 목적어의 상태를 설명하는 단어를 나란히 쓰면 '~를 …하게 만듭니다'라는 의미를 나타냅니다.

Step 1 빈칸을 알맞게 채워 문장을 완성해 보세요.

1 벽돌은 화성을 튼튼하게 만들었습니다.

→ Bricks _____ the fortress strong.

2 거중기는 건설을 쉽게 만들었습니다.

→ *Geojunggi* _____ the construction easy.

Step 2 우리말 뜻에 맞게 괄호 안의 단어를 알맞은 순서로 배열해 보세요.

1 그 나무는 정원을 아름답게 만듭니다. (beautiful, the garden, the tree, makes)

→ _____.

2 그 영화는 나를 슬프게 만들었습니다. (the movie, sad, made, me)

→ _____.

Step 3 우리말 뜻에 맞게 주어진 단어를 사용해 문장을 만들어 보세요.

1 당신은 나를 행복하게 만듭니다. (happy, you, me)

→ _____.

2 과일은 우리 몸을 건강하게 만듭니다. (healthy, our bodies, fruits)

→ _____.

14 Chapter 2 Architecture

Subject Words 빈칸에 들어갈 알맞은 단어를 쓰세요.

_____
물결 모양의

_____
공원

_____
곡선

_____
선

_____
타일

More Words 우리말에 맞도록 빈칸에 들어갈 알맞은 말을 보기 에서 찾아 쓰세요.

보기   soft   waves   sandcastle   colorful   creative   fairy tale

1 Gaudi designed the church with _____ curves.
가우디는 부드러운 곡선으로 교회를 설계했습니다.

2 The church looks like a large _____.
그 교회는 큰 모래성처럼 보입니다.

3 Gaudi designed the park with _____ tiles.
가우디는 다채로운 타일들로 공원을 설계했습니다.

4 The park looks like a land from a _____.
그 공원은 동화 속 나라처럼 보입니다.

5 The wavy lines look like huge ocean _____.
그 물결 모양의 선들은 거대한 바다 파도들처럼 보입니다.

6 These buildings are very _____.
이 건물들은 매우 독창적입니다.

look like   ~처럼 보입니다

'~처럼 보입니다'는 영어로 'look like'로 표현할 수 있어요. 이때 like는 '~처럼', '~같은'이라는 의미의 전치사이고, like 뒤에는 명사(구)가 옵니다.

Step 1 빈칸을 알맞게 채워 문장을 완성해 보세요.

1 그 교회는 큰 모래성처럼 보입니다.

→ The church _____ _____ a large sandcastle.

2 그 공원은 동화 속 나라처럼 보입니다.

→ The park _____ _____ a land from a fairy tale.

Step 2 우리말 뜻에 맞게 괄호 안의 단어를 알맞은 순서로 배열해 보세요.

1 당신의 눈은 별처럼 보입니다. (stars, look, your eyes, like)

→ _____.

2 내 친구는 고양이처럼 보입니다. (a cat, my friend, like, looks)

→ _____.

Step 3 우리말 뜻에 맞게 주어진 단어를 사용해 문장을 만들어 보세요.

1 그 물고기는 뱀처럼 보입니다. (the fish, a snake)

→ _____.

2 그 나뭇잎들은 아기의 손처럼 보입니다. (the leaves, a baby's hands)

→ _____.

UNIT 04 수학 ➕➖✖️➗ Different Types of Pyramids

Subject Words 빈칸에 들어갈 알맞은 단어를 쓰세요.

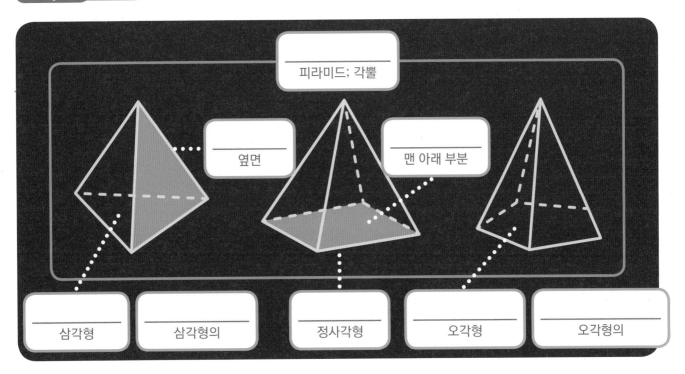

피라미드; 각뿔

옆면

맨 아래 부분

삼각형   삼각형의   정사각형   오각형   오각형의

More Words 우리말에 맞도록 빈칸에 들어갈 알맞은 말을 보기 에서 찾아 쓰세요.

보기   shapes   look around   glass   various   museum   similar

❶ Think of the _____ pyramid in the Louvre _____.

루브르 박물관에 있는 유리 피라미드를 떠올려 보세요.

❷ The pyramids look _____.

그 피라미드들은 비슷하게 생겼습니다.

❸ There are _____ types of pyramids.

다양한 종류의 피라미드들이 있습니다.

❹ The _____ of pyramids' bases are different.

피라미드들의 밑면의 모양들은 다릅니다.

❺ Now _____ you.

이제 당신의 주변을 둘러보세요.

Think of ~   ~을 생각해 보세요, ~을 떠올려 보세요

'Think of ~'는 '~을 생각해 보세요', '~을 떠올려 보세요' 라는 뜻으로, 어떤 대상이나 상황에 대해 생각하도록 권할 때 쓰는 표현입니다. Think of 다음에는 명사(구)가 옵니다.

Step 1 빈칸을 알맞게 채워 문장을 완성해 보세요.

① 이집트에 있는 거대한 피라미드 중 하나를 떠올려 보세요.

→ _____ _____ one of the Great Pyramids in Egypt.

② 루브르 박물관에 있는 유리 피라미드를 떠올려 보세요.

→ _____ _____ the glass pyramid at the Louvre Museum.

Step 2 우리말 뜻에 맞게 괄호 안의 단어를 알맞은 순서로 배열해 보세요.

① 숫자 하나를 생각해 보세요. (a number, think of)

→ _____.

② 더운 여름날을 떠올려 보세요. (a hot summer day, think of)

→ _____.

Step 3 우리말 뜻에 맞게 주어진 단어를 사용해 문장을 만들어 보세요.

① 새로운 아이디어를 생각해 보세요. (a new idea)

→ _____.

② 밤바다를 떠올려 보세요. (the sea, at night)

→ _____.

Subject Words 빈칸에 들어갈 알맞은 단어를 쓰세요.

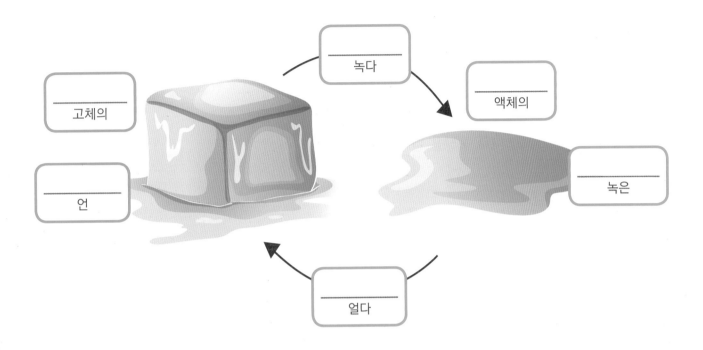

| _____ 녹다 |
| _____ 고체의 |
| _____ 액체의 |
| _____ 언 |
| _____ 녹은 |
| _____ 얼다 |

More Words 우리말에 맞도록 빈칸에 들어갈 알맞은 말을 보기 에서 찾아 쓰세요.

| 보기 | clear | container | grab | form | takes | keep |

❶ We cannot _____ water.

우리는 물을 붙잡을 수 없습니다.

❷ Water _____ the shape of its _____.

물은 그것의 그릇의 모양을 취합니다.

❸ Water is always _____.

물은 항상 투명합니다.

❹ Ice is the solid _____ of water.

얼음은 물의 고체 형태입니다.

❺ Ice will still _____ its shape.

얼음은 여전히 그것의 모양을 유지할 것입니다.

make A from B   B로 A를 만듭니다

'B로 A를 만듭니다'는 영어로 'make A from B'로 표현할 수 있습니다.

Step 1 빈칸을 알맞게 채워 문장을 완성해 보세요.

① 우리는 물로 얼음을 만들 수 있습니다.

→ We can _____ ice _____ water.

② 우리는 얼음으로 물을 만들 수 있습니다.

→ We can _____ water _____ ice.

Step 2 우리말 뜻에 맞게 괄호 안의 단어를 알맞은 순서로 배열해 보세요.

① 우리는 우유로 치즈를 만듭니다. (cheese, we, milk, make, from)

→ _____.

② 우리는 나무로 종이를 만듭니다. (make, from, we, trees, paper)

→ _____.

Step 3 우리말 뜻에 맞게 주어진 단어를 사용해 문장을 만들어 보세요.

① 나는 밀가루와 우유로 이 케이크를 만들었습니다. (this cake, and, flour, I, milk)

→ _____.

② 사람들은 플라스틱으로 많은 것들을 만듭니다. (plastic, people, many things)

→ _____.

UNIT 02 사회 The Arctic and the Antarctic

Subject Words 빈칸에 들어갈 알맞은 단어를 쓰세요.

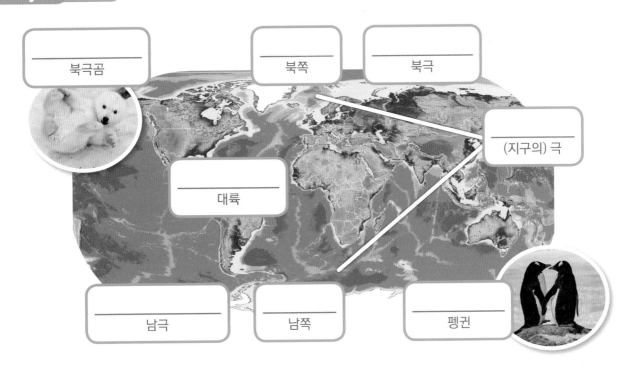

_____
북극곰

_____
북쪽

_____
북극

_____
(지구의) 극

_____
대륙

_____
남극

_____
남쪽

_____
펭귄

More Words 우리말에 맞도록 빈칸에 들어갈 알맞은 말을 보기 에서 찾아 쓰세요.

보기 average   dry   do research   cold   stay   desert

1 The Arctic is very _____.
북극은 매우 춥습니다.

2 The _____ temperature is from -24°C to 0°C.
평균 기온은 섭씨 영하 24도부터 0도까지입니다.

3 The Antarctic is the largest _____ on Earth.
남극은 지구에서 가장 큰 사막입니다.

4 The Antarctic is very cold and _____.
남극은 매우 춥고 건조합니다.

5 People visit the Antarctic and _____ there.
사람들은 남극을 방문하여 그곳을 조사합니다.

6 People _____ in the Antarctic from about November to February.
사람들은 약 11월부터 2월까지 남극에 머무릅니다.

from A to B   A부터 B까지

'from A to B'는 'A부터 B까지'라는 의미예요. 주로 장소, 기온, 시간 등의 시작점부터 끝 지점까지의 범위를 나타내는 표현입니다.

Step 1 빈칸을 알맞게 채워 문장을 완성해 보세요.

① 평균 기온은 섭씨 영하 24도부터 0도까지입니다.

→ The average temperature is _____ -24°C _____ 0°C.

② 사람들은 약 11월부터 2월까지 남극에 머무릅니다.

→ People stay in the Antarctic _____ about November _____ February.

Step 2 우리말 뜻에 맞게 괄호 안의 단어를 알맞은 순서로 배열해 보세요.

① 나는 월요일부터 금요일까지 학교에 갑니다. (from, go to, school, Monday, Friday, I, to)

→ _____.

② 그 식당은 다섯 시부터 열 시까지 문을 엽니다. (five, open, to, the restaurant, from, is, ten)

→ _____.

Step 3 우리말 뜻에 맞게 주어진 단어를 사용해 문장을 만들어 보세요.

① 나의 집에서 학교까지 십분이 걸립니다. (it, 10 minutes, my home, takes, school)

→ _____.

② 우리는 여기서부터 저기까지 달릴 것입니다. (run, we, here, there, will)

→ _____.

UNIT 03 미술 Winter Festivals

_____
활동

_____
낚시

_____
축제

_____
축제

_____
조각품

_____
썰매타기

_____ 빛, (빛을) 비추다
참고 과거형 _____

More Words 우리말에 맞도록 빈칸에 들어갈 알맞은 말을 보기 에서 찾아 쓰세요.

보기	hold	fun	enjoy	figures	historical	vivid

1. Many countries _____ festivals in winter.

   많은 나라들이 겨울에 축제를 엽니다.

2. People can see _____ buildings made of ice.

   사람들은 얼음으로 만들어진 역사적인 건물들을 볼 수 있습니다.

3. People can see famous _____ made of ice.

   사람들은 얼음으로 만들어진 유명한 인물들을 볼 수 있습니다.

4. The lights are very _____ and colorful.

   그 빛들은 매우 선명하고 다채롭습니다.

5. The festival has _____ winter activities.

   그 축제에는 재미있는 겨울 활동들이 있습니다.

6. People _____ ice fishing.

   사람들은 얼음낚시를 즐깁니다.

take place 개최됩니다, 열립니다

'개최됩니다', '열립니다'는 영어로 'take place'로 표현할 수 있어요. 이 표현은 주로 미리 준비되거나 계획된 일이 일어날 때 씁니다.

Step 1 빈칸을 알맞게 채워 문장을 완성해 보세요.

1 이 눈 축제는 일본 삿포로에서 개최됩니다.

→ This snow festival _____ _____ in Sapporo, Japan.

2 이 축제는 중국 하얼빈에서 열립니다.

→ This festival _____ _____ in Harbin, China.

Step 2 우리말 뜻에 맞게 괄호 안의 단어를 알맞은 순서로 배열해 보세요.

1 축구 경기는 독일에서 개최될 것입니다. (the soccer game, will, in Germany, take place)

→ _____.

2 축제는 매년 그 섬에서 열립니다. (on the island, takes place, every year, the festival)

→ _____.

Step 3 우리말 뜻에 맞게 주어진 단어를 사용해 문장을 만들어 보세요.

1 학교 축제는 매년 봄에 열립니다. (the school festival, every spring)

→ _____.

2 모임은 이 건물에서 개최될 것입니다. (the meeting, in this building, will)

→ _____.

UNIT 04 — Which Piece of Ice Is Bigger?

Subject Words 빈칸에 들어갈 알맞은 단어를 쓰세요.

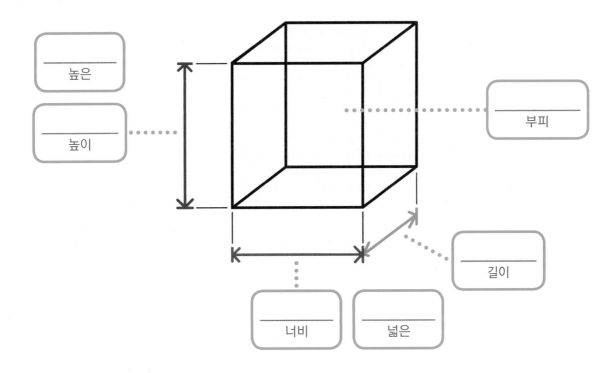

_____ 높은

_____ 높이

_____ 부피

_____ 길이

_____ 너비

_____ 넓은

More Words 우리말에 맞도록 빈칸에 들어갈 알맞은 말을 보기 에서 찾아 쓰세요.

보기 multiply   compare   therefore   result   piece   received

1 Jenny and Eric each _____ a _____ of ice.

Jenny와 Eric은 각각 얼음 한 조각을 받았습니다.

2 How do we _____ the pieces of ice?

우리는 그 얼음 조각들을 어떻게 비교할까요?

3 _____ width, length, and height.

너비, 길이, 높이를 곱하세요.

4 The _____ is the volume.

그 결과가 부피입니다.

5 _____, Jenny's piece of ice is bigger.

그러므로, Jenny의 얼음 조각이 더 큽니다.

seem   (~인 것처럼) 보입니다, ~인 것 같습니다

'seem'은 '(~인 것처럼) 보입니다', '~인 것 같습니다'라는 뜻의 동사예요. seem 뒤에는 주어의 상태를 설명하는 형용사나 명사를 씁니다.

Step 1 빈칸을 알맞게 채워 문장을 완성해 보세요.

1 Jenny의 얼음 조각이 Eric의 것보다 높아 보입니다.

→ Jenny's piece of ice _____ taller than Eric's.

2 Eric의 얼음 조각이 Jenny의 것보다 넓어 보입니다.

→ Eric's piece of ice _____ wider than Jenny's.

Step 2 우리말 뜻에 맞게 괄호 안의 단어를 알맞은 순서로 배열해 보세요.

1 당신은 행복해 보입니다. (seem, you, happy)

→ _____.

2 당신의 티셔츠는 커 보입니다. (large, your T-shirt, seems)

→ _____.

Step 3 우리말 뜻에 맞게 주어진 단어를 사용해 문장을 만들어 보세요.

1 Tom은 슬퍼 보입니다. (Tom, sad)

→ _____.

2 새로운 선생님은 좋으신 것 같습니다. (nice, the new teacher)

→ _____.

초등영어

리딩이 된다

Jump 3

STUDENT BOOK 정답 및 해설

UNIT 01 사회

Seodong's Song 서동의 노래

Subject Words QR코드를 이용하여 단어를 듣고 따라 읽어보세요.

- princess 공주
- marry 결혼하다
- spread 퍼뜨리다
- tale 이야기
- children 아이들

More Words QR코드를 이용하여 단어와 예문을 듣고 따라 읽어보세요.

interesting 흥미로운
I am reading an interesting book.
나는 흥미로운 책을 읽고 있습니다.

true 사실인
Is that true or not?
그것이 사실인가요 아닌가요?

wish 소원
A girl made a wish upon a star.
한 소녀는 별을 보며 소원을 빌었습니다.

teach 가르치다
참고 과거형 taught
My mother teaches me English.
나의 엄마는 나에게 영어를 가르치십니다.

angry 화난
My friend got angry at me.
내 친구는 나에게 화가 났습니다.

kick ~ out ~를 쫓아내다
She kicked him out of the house.
그녀는 그를 집에서 쫓아 냈습니다.

12

Vocabulary Check

Subject Words 그림과 뜻을 보고 알맞은 단어를 쓰세요.

① 공주 — princess
② 이야기 — tale
③ 퍼뜨리다 — spread
④ 결혼하다 — marry
⑤ 아이들 — children

More Words 우리말에 맞는 문장이 되도록 알맞은 단어를 고르세요.

① 그것이 사실인가요 아닌가요? — Is that (true) or rare or not?
② 한 소녀는 별을 보며 소원을 빌었습니다. — A girl made a way / (wish) upon a star.
③ 그녀는 그를 집에서 쫓아냈습니다. — She (kicked) / put him out of the house.
④ 나는 흥미로운 책을 읽고 있습니다. — I am reading an (interesting) / amazing book.
⑤ 나의 엄마는 나에게 영어를 가르칩니다. — My mother learns / (teaches) me English.
⑥ 내 친구는 나에게 화가 났습니다. — My friend got necessary / (angry) at me.

자료문을 듣고 따라 읽어보세요.

Seodong's Song
서동의 노래

There is an interesting tale from Silla.
신라에서 온 흥미로운 이야기가 있습니다. 신라

There was a man from Baekje. 백제에서 온 한 남자가 있었습니다.
백제

His name was Seodong. 그의 이름은 서동이었습니다.
서동

One day, he heard about a beautiful princess of Silla.
어느 날, 그는 신라의 아름다운 공주에 대해 들었습니다.

Her name was Seonhwa. 그녀의 이름은 선화였습니다.
선화

Seodong wanted to marry the princess. 서동은 공주와 결혼하고 싶었습니다.

So he wrote the song "Seodongyo." 그래서 그는 "서동요"라는 노래를 썼습니다.
서동요

Key Grammar want to ~

Sedong wanted to marry the princess. 서동은 공주와 결혼하고 싶었습니다.

'~하고 싶습니다'는 영어로 'want to ~'로 표현할 수 있어요. 'want to ~'의 과거형은 'wanted to ~'이고, '~하고 싶었습니다'로 해석합니다. want(ed) to 다음에는 꼭 동사원형을 써야 합니다.

ⓔ I want to go home. 나는 집에 가고 싶습니다.
Anna wanted to build a snowman. Anna는 눈사람을 만들고 싶었습니다.

14

그 노래는 선화가 매일 밤 서동의 방에 간다고 말했습니다.
그것은 그들이 사랑에 빠졌다고 말했습니다.
그러나 그것은 사실이 아니었습니다. 그것은 그의 소원이었습니다.

It said that Seonhwa went to Seodong's room every night.

It said that they were in love.

But it was not true. It was his wish.

Seodong wanted to spread the song. 서동은 그 노래를 퍼뜨리고 싶었습니다.

So he taught children the song, 그래서 그는 아이들에게 그 노래를 가르쳐 줬고 그들은 모든 곳에서 그것을 불렀습니다.

and they sang it everywhere. 선화의 아버지는 그것을 듣고 화가 났습니다.

Seonhwa's father heard it and got angry. 그래서 그는 그녀를 쫓아냈습니다.

So he kicked her out.

Then Seodong found her and married her!
그러고 나서 서동은 그녀를 찾았고 그녀와 결혼했답니다!

노래 하나로 선화공주의 마음을 사로잡았던 서동의 지혜

마를 캐서 파는 것이 직업이었던 백제의 서동은 어느 날 신라의 선화공주가 아름답다는 이야기를 듣게 됩니다. 그는 곧장 신라로 가서 동네 아이들에게 마를 주며 그를 잘 따르게 한 뒤 '선화공주가 밤마다 서동의 방을 찾아간다'는 내용의 서동요를 아이들에게 부르게 해 노래가 퍼지도록 했어요. 이 '서동요' 때문에 선화공주는 궁에서 쫓겨나게 되었고, 선화공주는 서동의 지혜와 용기에 반해 결국 결혼하게 되었답니다!

1 다음 질문의 답으로 가장 적절한 것을 골라 보세요.

ⓐ 이 글의 주제는 무엇인가요?

  ☑ ① the love song of Seodong 서동의 사랑 노래
  ② a famous song from Baekje 백제에서 온 한 유명한 노래
  ③ how to make and spread songs 노래를 만들고 퍼뜨리는 방법

ⓑ 서동은 '서동요'를 왜 만들었나요?

  ① It's because he wanted to teach children.
    그가 아이들을 가르치고 싶었기 때문입니다.
  ☑ ② It's because he wanted to marry Seonhwa.
    그가 선화와 결혼하고 싶었기 때문입니다.
  ③ It's because he wanted to meet the king of Silla.
    그가 신라의 왕을 만나고 싶었기 때문입니다.

ⓒ '서동요'의 내용으로 알맞은 것은 무엇인가요?.

  ① Seodong married Seonhwa.
    서동은 선화와 결혼했습니다.
  ② Seonhwa and Seodong lived together.
    선화와 서동은 함께 살았습니다.
  ☑ ③ Seonhwa went to Seodong's room every night.
    선화는 매일 밤 서동의 방에 갔습니다.

2 다음 문장을 읽고 맞으면 T, 틀리면 F에 표시하세요.

① "Seodongyo" is about Princess Seonhwa's wish.
  "서동요"은 선화공주의 소원에 관한 것입니다. (T) F
② In "Seodongyo", Seodong and Seonhwa were in love.
  "서동요"에서는, 서동과 선화가 사랑에 빠졌습니다. T (F)
③ Princess Seonhwa's father kicked her out.
  선화공주의 아버지는 그녀를 쫓아냈습니다. (T) F

3 다음 질문에 알맞은 답이 되도록 빈칸에 들어갈 말을 본문에서 찾아 써보세요.

서동은 왜 그의 노래를 아이들에게 가르쳤나요?

Q Why did Seodong teach children his song?

A It's because he <u>wanted</u> <u>to</u> <u>spread</u> the song.
  그가 그 노래를 퍼뜨리고 싶었기 때문입니다.

16

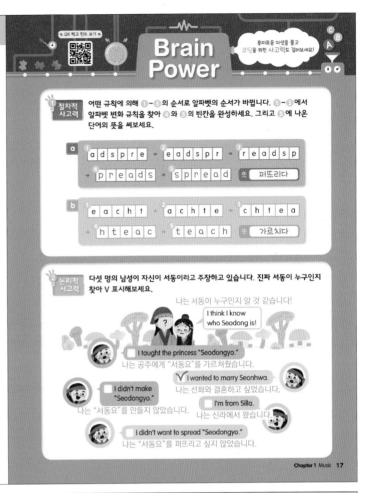

Chapter 1 Music **17**

UNIT 02 실과 🌐 **Copyright** 저작권

Subject Words QR코드를 이용하여 단어를 듣고 따라 읽어보세요.

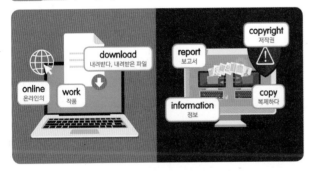

More Words QR코드를 이용하여 단어와 예문을 듣고 따라 읽어보세요.

illegal 불법의
Some games are illegal.
어떤 게임들은 불법입니다.

permission 허가
You cannot get in without permission.
당신은 허가 없이 들어갈 수 없습니다.

owner 주인
She is the owner of the store.
그녀는 그 가게의 주인입니다.

freely 자유롭게
You can use my pen freely.
당신은 내 펜을 자유롭게 써도 됩니다.

protect 보호하다
We have to protect the environment.
우리는 환경을 보호해야 합니다.

effort 노력
He put effort into his work.
그는 그의 작품에 노력을 들였습니다.

18

Vocabulary Check

Subject Words 그림과 뜻을 보고 알맞은 단어를 쓰세요.

①
온라인의
<u>online</u>

②
저작권
<u>copyright</u>

③
복제하다
<u>copy</u>

④
보고서
<u>report</u>

⑤
정보
<u>information</u>

⑥
내려받다, 내려받은 파일
<u>download</u>

More Words 우리말에 맞는 문장이 되도록 알맞은 단어를 고르세요.

① 어떤 게임들은 불법입니다. Some games are (illegal) / toxic .
② 그녀는 그 가게의 주인입니다. She is the composer / (owner) of the store.
③ 그는 그의 작품에 노력을 들였습니다. He put (effort) / report into his work.
④ 우리는 환경을 보호해야 합니다. We have to (protect) / detect the environment.
⑤ 당신은 허가 없이 들어갈 수 없습니다. You cannot get in without pollution / (permission) .
⑥ 당신은 내 펜을 자유롭게 써도 됩니다. You can use my pen easily / (freely) .

Chapter 1 Music **19**

29

Copyright 저작권

Have you downloaded anything online for free?

It could be illegal.

Sometimes you need to pay for downloads.

온라인에서 어떤 것을 무료로 내려받은 적이 있나요? 그것은 불법일 수도 있습니다. 때때로 당신은 내려받은 파일에 대한 비용을 지불해야 합니다.

Let's say you make a video.

And you download music and put it in your video.

It could be illegal.

You need to get permission from the owner.

당신이 비디오를 만든다고 해봅시다. 그리고 당신은 음악을 내려받고 그것을 당신의 비디오에 넣습니다. 그것은 불법일 수도 있습니다. 당신은 주인으로부터 허가를 받아야 합니다.

🎵 Key Grammar　　need to ~

Sometimes you need to pay for downloads.
때때로 당신은 내려받은 파일에 대한 비용을 지불해야 합니다.

'~해야 합니다'는 영어로 'need to ~'로 표현할 수 있어요. need to 다음에는 꼭 동사원형을 써야 합니다.

- I need to buy a history book. 나는 역사책 한 권을 사야 합니다.
  We need to check your bag. 우리는 당신의 가방을 확인해야 합니다.

20

Let's say you write a report.

And you copy things from the internet.

It could be illegal.

You need to say how you got the information.

당신이 보고서를 쓴다고 해봅시다. 그리고 당신은 인터넷에서 어떤 것들을 복제합니다. 그것은 불법일 수도 있습니다. 당신은 그 정보를 당신이 어떻게 구했는지 말해야 합니다.

Why can't we use those things freely?

It's because their copyright protects them.

Every work takes effort and time.

So each work is valuable.

왜 우리는 그것들을 자유롭게 이용할 수 없을까요? 왜냐하면 그것들의 저작권이 그것들을 보호하기 때문입니다. 모든 작품은 노력과 시간을 필요로 합니다. 그러므로 각 작품은 귀중합니다.

💡 저작권(Copyright)은 저작물을 만든 사람에게 있어요!

내가 만든 찰흙 작품, 내려받은 영화, 내가 산 CD 속 노래 ... 이 중 진짜 '내 것'은 무엇일까? 바로 '내가 만든 찰흙 작품'이에요. 왜냐고요? 모든 글과 미술작품, 음악 등에는 처음으로 그것을 만든 사람이 있는데, 바로 이 처음 만든 사람이 '저작권'을 갖게 되기 때문이에요. 글이나 그림을 지금 내가 가졌다고 해서 주인이 되는 것이 아니라 처음으로 만든 사람이 주인이 되는 권리가 바로 '저작권'이랍니다.

Comprehension Check

1 다음 질문의 답으로 가장 적절한 것을 골라 보세요.

ⓐ 이 글의 주제는 무엇인가요?
　❶ how to download music 음악을 내려받는 방법
　❷ how to write a good report 좋은 보고서를 쓰는 방법
　✓ work protected by copyright 저작권에 의해 보호되는 작품

ⓑ 다음 중 불법일 수 있는 행동이 아닌 것은 무엇인가요?
　❶ copying something from the internet
　　인터넷에서 어떤 것을 복제하는 것
　✓ downloading music and paying for it
　　음악을 내려받고 그것에 대해 지불하는 것
　❸ downloading music and using it in videos
　　음악을 내려받고 그것을 비디오에 사용하는 것

ⓒ 다음 중 저작권이 보호하는 것은 무엇인가요?
　❶ free music 무료 음악
　❷ the owner's money 주인의 돈
　✓ people's valuable work 사람들의 귀중한 작품

2 다음 문장을 읽고 맞으면 T, 틀리면 F에 표시하세요.

❶ Every work takes effort and time.
　모든 작품은 노력과 시간을 필요로 합니다.　　[T] F

❷ We need to get permission from the owner of the work.
　우리는 작품의 주인으로부터 허락을 받아야 합니다.　　[T] F

❸ We need to say how much we pay for downloads in our report.
　우리는 우리의 보고서에 내려받은 파일들에 대해 얼마를 지불하는지
　말해야 합니다.　　T [F]

3 다음 질문에 알맞은 답이 되도록 빈칸에 들어갈 말을 본문에서 찾아 써보세요.
왜 우리는 다른 사람들의 작품을 자유롭게 이용할 수 없을까요.

Q Why can't we use other people's work freely?
A It's because every work takes ___effort___ and time, and their _copyright_ protects them.

모든 작품은 노력과 시간을 필요로 하고, 그것들의 저작권이 그것들을 보호하기 때문입니다.

22

Brain Power

코딩을 위한 사고력도 길러보세요!

절차적 사고력 단어의 뜻을 보고 빈칸에 들어갈 맞은 알파벳을 써보세요. 그리고 숫자에 맞게 그 알파벳을 아래 빈칸에 넣어 메시지를 완성해보세요.

C O P Y · 복제하다	I L L E G A L · 불법의
R E P O R T · 보고서	E F F O R T · 노력
I N F O R M A T I O N · 정보	

LET'S P R O T E C T OUR WORK
WITH A C O P Y R I G H T !
저작권으로 우리의 작품을 보호합시다!

문제 해결력 저작권을 지키지 않는 세 명의 학생들이 있습니다. 가장 많은 벌점을 받게 될 학생에 V 표시해보세요.

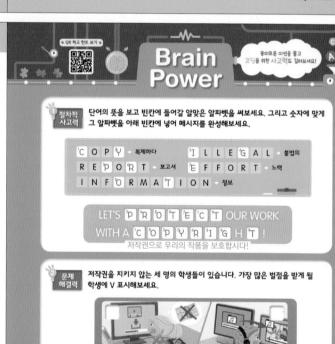

온라인에서 어떤 것을 무료로 내려받는 것
Downloading something online for free 벌점 3

인터넷에서 어떤 것들을 복제하는 것
Copying things from the internet 벌점 5

음악을 내려받고 그것을 비디오에 사용하는 것
Downloading music and using it in videos 벌점 7

30

UNIT 03 🎨 미술

Painting Music 음악 그리기

Subject Words QR코드를 이용하여 단어를 듣고 따라 읽어보세요.

color 색
white 흰색
blue 파란색
yellow 노란색
green 초록색

More Words QR코드를 이용하여 단어와 예문을 듣고 따라 읽어보세요.

emotion 감정

We feel many different emotions.
우리는 많은 다른 감정들을 느낍니다.

match 연결시키다

I match colors to words.
나는 색깔들을 단어들에 연결시킵니다.

trumpet 트럼펫

Tommy plays the trumpet.
Tommy가 트럼펫을 연주합니다.

violin 바이올린

The musicians play the violin.
음악가들이 바이올린을 연주합니다.

pause 멈춤

There is a pause in the song.
노래에 멈춤이 있습니다.

serious 진지한

She is a serious person.
그녀는 진지한 사람입니다.

24

Vocabulary Check

Subject Words 그림과 뜻을 보고 알맞은 단어를 쓰세요.

 ① 색 — color

 ② 노란색 — yellow

 ③ 파란색 — blue

④ 흰색 — white

 ⑤ 초록색 — green

More Words 우리말에 맞는 문장이 되도록 알맞은 단어를 고르세요.

① Tommy가 트럼펫을 연주합니다.
Tommy plays the (trumpet)/ trash .

② 음악가들이 바이올린을 연주합니다.
The musicians play the (violin)/ cello .

③ 노래에 멈춤이 있습니다.
There is a composer /(pause) in the song.

④ 그녀는 진지한 사람입니다.
She is a (serious)/ dangerous person.

⑤ 나는 색깔들을 단어들에 연결시킵니다.
I (match)/ teach colors to words.

⑥ 우리는 많은 다른 감정들을 느낍니다.
We feel many different efforts /(emotions) .

Painting Music 음악 그리기

칸딘스키 <구성 No.10>

There was a painter from Russia. 러시아 출신의 화가가 있었습니다.

His name was Wassily Kandinsky. 그의 이름은 바실리 칸딘스키였습니다.

His artwork is special because he painted music and emotions.
그는 음악과 감정을 그렸기 때문에 그의 예술작품은 특별합니다.

Kandinsky loved music.

He felt many different emotions from it.

So he expressed them in his paintings.

칸딘스키는 음악을 사랑했습니다.
그는 음악으로부터 많은 다른 감정들을 느꼈습니다.
그래서 그는 그것들을 그의 그림에 표현했습니다.

🖌 Key Grammar 전치사 with

Kandinsky expressed trumpet sounds with yellow.
칸딘스키는 노란색으로 트럼펫 소리를 표현했습니다.

'with'는 '~로', '~을 이용하여'라는 뜻으로, 도구나 수단을 나타낼 때 사용하는 전치사입니다.

ⓔ I make delicious foods with apples. 나는 사과로 맛있는 음식을 만듭니다.
My sister wrote a letter with a pencil. 나의 여동생은 연필로 편지를 썼습니다.

26

First, he matched colors to sounds.
먼저, 그는 색들을 소리들에 연결시켰습니다.
He expressed trumpet sounds with yellow.
그는 노란색으로 트럼펫 소리를 표현했습니다.
He expressed violin sounds with green.
그는 초록색으로 바이올린 소리를 표현했습니다.
And white meant a pause.
그리고 흰색은 멈춤을 의미했습니다.

He also matched colors to emotions.
그는 또한 색들을 감정들에 연결시켰습니다.
He expressed warm emotions with yellow.
그는 노란색으로 따뜻한 감정을 표현했습니다.
He expressed serious emotions with blue.
그는 파란색으로 진지한 감정을 표현했습니다.

Can you feel the music and emotions in his paintings?
여러분은 그의 그림들에서 음악과 감정을 느낄 수 있나요?

칸딘스키 <구성 No.4>

칸딘스키 <구성 No.8>

💬 오, 이런! 이 그림을 내가 그렸다고?

어느 날 러시아의 유명한 화가 칸딘스키는 자신의 화실로 들어갔어요. 화실에 들어서자마자 그는 깜짝 놀라고 말았습니다. 믿을 수 없을 정도로 아름다운 그림이 그의 눈앞에 놓여있었기 때문이에요. 놀랍게도, 그 그림은 그가 그린 그림이 단지 옆으로 돌려져 있던 거였어요. 칸딘스키는 이 일을 계기로 눈에 보이는 그대로의 사물을 그리는 것에 집중하지 않고 추상적인 작품을 그리기 시작했다고 해요.

1 다음 질문의 답으로 가장 적절한 것을 골라 보세요.

ⓐ 이 글의 주제는 무엇인가요?

① famous Russian paintings 유명한 러시아 그림들

✓② a Russian painter's special artwork 러시아 화가의 특별한 예술작품

③ the sounds of different instruments 다양한 악기의 소리들

ⓑ 다음 중 칸딘스키(Kandinsky)가 트럼펫 소리를 표현하기 위해 사용한 색은 무엇인가요?

① white 흰색　　　② green 초록색　　　✓③ yellow 노란색

ⓒ 칸딘스키(Kandinsky)에 관한 설명으로 알맞지 않은 것은 무엇인가요?

✓① He was from Russia.
그는 러시아 출신이었습니다.

② He didn't feel emotions from music.
그는 음악으로부터 감정을 느끼지 않았습니다.

③ He expressed emotions in his paintings.
그는 그의 그림에 감정을 표현했습니다.

2 다음 문장을 읽고 맞으면 T, 틀리면 F에 표시하세요.

① Kandinsky matched colors to sounds.
칸딘스키는 색들을 소리에 연결시켰습니다.　　**T** F

② Kandinsky expressed violin sounds with yellow.
칸딘스키는 노란색으로 바이올린 소리를 표현했습니다.　　T **F**

③ Kandinsky expressed serious emotions with blue.
칸딘스키는 파란색으로 진지한 감정을 표현했습니다.　　**T** F

3 다음 질문에 알맞은 답이 되도록 빈칸에 들어갈 말을 본문에서 찾아 써보세요.

칸딘스키의 예술작품이 왜 특별한가요?

Q Why is Kandinsky's artwork special?

A It's because he expressed ____music____ and __emotions__ in his paintings.
그는 그의 그림에 음악과 감정을 표현했기 때문입니다.

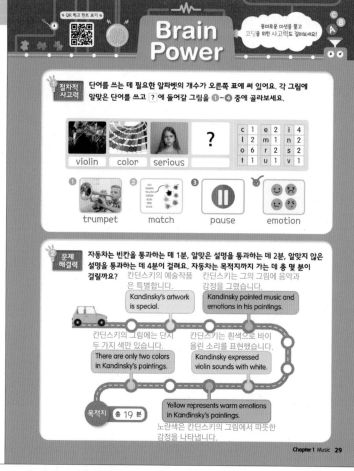

Brain Power

웅미로운 미션을 풀고
코딩을 위한 사고력도 길러보세요!

절차적 사고력 단어를 쓰는 데 필요한 알파벳의 개수가 오른쪽 표에 써 있어요. 각 그림에 알맞은 단어를 쓰고 **?** 에 들어갈 그림을 ①~④ 중에 골라보세요.

violin　color　serious　**?**

c	1	e	2	i	4
c	2	m	1	n	2
o	6	r	2	s	2
t	1	u	1	v	1

① trumpet　② match　③ pause　④ emotion

문제 해결력 자동차가 빈칸을 통과하는 데 1분, 알맞은 설명을 통과하는 데 2분, 알맞지 않은 설명을 통과하는 데 4분이 걸려요. 자동차는 목적지까지 가는 데 총 몇 분이 걸릴까요?

칸딘스키의 예술작품은 특별합니다.
Kandinsky's artwork is special.

칸딘스키는 그의 그림에 음악과 감정을 그렸습니다.
Kandinsky painted music and emotions in his paintings.

칸딘스키의 그림에는 단지 두 가지 색만 있습니다.
There are only two colors in Kandinsky's paintings.

칸딘스키는 흰색으로 바이올린 소리를 표현했습니다.
Kandinsky expressed violin sounds with white.

목적지　총 19 분

노란색은 칸딘스키의 그림에서 따뜻한 감정을 나타냅니다.
Yellow represents warm emotions in Kandinsky's paintings.

우리는 음악에서 수학을 어떻게 사용할 수 있을까요?
How can we use math in music?

UNIT 04 수학

Math in Harmony 화음 속 수학

Subject Words QR코드를 이용하여 단어를 듣고 따라 읽어보세요.

harp 하프　sound 소리　high 높은

long 긴　string 줄　low 낮은

length 길이　short 짧은

harmony 화음

More Words QR코드를 이용하여 단어와 예문을 듣고 따라 읽어보세요.

walk 걷다
Amy walks with her friends.
Amy는 친구들과 함께 걷습니다.

street 거리
Many people walk down the street.
많은 사람들이 길을 걷습니다.

hammer 망치
My uncle bought a hammer at a store.
나의 삼촌이 가게에서 망치를 샀습니다.

curious 궁금한
Babies are curious about everything.
아기들은 모든 것을 궁금해합니다.

observe 관찰하다
Sean observes plants.
Sean이 식물을 관찰합니다.

mathematical 수학의
He found the mathematical rule.
그는 수학의 법칙을 발견했습니다.

Subject Words 그림과 뜻을 보고 알맞은 단어를 쓰세요.

①
소리
sound

②
길이
length

③
짧은
short

④
낮은
low

⑤
줄
string

⑥
하프
harp

⑦
화음
harmony

More Words 우리말에 맞는 문장이 되도록 알맞은 단어를 고르세요.

① 그는 수학의 법칙을 발견했습니다.
He found the metal / (mathematical) rule.

② Sean이 식물을 관찰합니다.
Sean discovers / (observes) plants.

③ Amy는 친구들과 함께 걷습니다.
Amy (walks) / works with her friends.

④ 많은 사람들이 길을 걷습니다.
Many people walk down the stairs / (street).

⑤ 나의 삼촌이 가게에서 망치를 샀습니다.
My uncle bought a harp / (hammer) at a store.

⑥ 아기들은 모든 것을 궁금합니다.
Babies are (curious) / serious about everything.

Math in Harmony
화음 속 수학

Pythagoras was a Greek mathematician.
피타고라스는 그리스의 수학자입니다.
One day, he walked down a street.
어느 날, 그는 거리를 걷고 있었습니다.
He heard the sound of hammers.
그는 망치 소리를 들었습니다.

Some of the hammers were in good harmony.
망치들 중 일부는 좋은 화음을 이루었습니다.
It sounded just like music!
그것은 마치 음악과 같았습니다!
He was curious about the sound.
그는 그 소리에 대해 궁금해하기 시작했습니다.
So he started observing the hammers.
그는 망치들을 관찰하기 시작했습니다.

⊙ Key Grammar the 비교급, the 비교급

The shorter the string was, the higher the sound was. 줄이 짧으면 짧을수록, 소리가 더 높았습니다.

영어에는 다양한 비교 표현이 있어요. 그 중 'The 비교급+주어+동사, the 비교급+주어+동사'는 '~하면 할수록, 더 ...합니다'라는 뜻으로 쓰이는 표현입니다.

ⓔ The warmer the weather is, the better I feel. 날씨가 따뜻하면 할수록, 나는 기분이 더 좋습니다.
   The more I see you, the more I like you. 당신을 보면 볼수록, 나는 당신이 더 좋습니다.

32

He found this out.
그는 이것을 발견했습니다.
The different weights of hammers made different sounds.
다른 무게의 망치들이 다른 소리를 만들어 냈습니다.
The light hammers made high sounds.
가벼운 망치들은 높은 소리를 만들어 냈습니다.
The heavy hammers made low sounds.
무거운 망치들은 낮은 소리를 만들어 냈습니다.

He found the same rule for the harp.
그는 같은 규칙을 하프에서도 발견했습니다.
The harp had many strings of different lengths.
하프는 다른 길이의 많은 줄들을 가지고 있습니다.
The shorter the string was, the higher the sound was.
줄이 짧으면 짧을수록, 소리가 더 높았습니다.
The longer the string was, the lower the sound was.
줄이 길면 길수록, 소리가 더 낮았습니다.

Pythagoras found mathematical rules in music!
피타고라스는 음악에서 수학적 규칙을 발견했습니다!

망치질 소리도 흘려듣지 않았던 피타고라스

'만물의 근원은 수'라는 주장으로 유명한 피타고라스는 고대 그리스의 수학자이자 철학자, 종교가, 그리고 음악가예요. 그는 모든 것을 수와 연관하여 생각했어요. 음악도 예외는 아니었죠. 어느 날 대장간 옆을 지나가던 피타고라스는 대장장이가 망치로 쇠를 두드리는 소리를 들었어요. 제각각 다른 망치 소리들이 조화를 이루는 것을 발견한 피타고라스는 이 안에서 일정한 수학적 비율을 찾아냈습니다.

Chapter 1 Music 33

Comprehension Check

1 다음 질문의 답으로 가장 적절한 것을 골라 보세요.

ⓐ 이 글의 주제는 무엇인가요?
☑ ❶ mathematical rules in music 음악 속 수학적 규칙들
  ❷ famous Greek mathematicians 유명한 그리스의 수학자들
  ❸ the beautiful harmony of hammers 망치들의 아름다운 화음

ⓑ 다음 중 피타고라스(Pythagoras)가 규칙을 발견한 악기는 무엇인가요?
  ❶ violin 바이올린   ❷ cello 첼로   ☑ ❸ harp 하프

ⓒ 피타고라스(Pythagoras)에 관한 설명으로 알맞지 <u>않은</u> 것은 무엇인가요?
  ❶ He was a Greek mathematician.
     그는 그리스의 수학자였습니다.
  ❷ One day, he heard the sound of hammers.
     어느 날, 그는 망치 소리를 들었습니다.
  ☑ ❸ He was not curious about the sound of hammers.
     그는 망치 소리에 대해 궁금해하지 않았습니다.

2 다음 문장을 읽고 맞으면 T, 틀리면 F에 표시하세요.

❶ The heavy hammers made low sounds.   T F
   무거운 망치들은 낮은 소리를 만들어 냈습니다.
❷ All harp strings made the same sounds.   T F
   모든 하프의 줄들은 같은 소리를 만들어 냈습니다.
❸ The shorter the string was, the lower the sound was.   T F
   줄이 짧으면 짧을수록, 소리가 더 낮았습니다.

3 다음 질문에 알맞은 답이 되도록 빈칸에 들어갈 말을 본문에서 찾아 써보세요.
   피타고라스는 망치들과 하프의 소리에서 어떤 것을 발견했나요?
   Q What did Pythagoras find from the sound of hammers and the harp?

   A He found <u>mathematical   rules</u> in music.
   그는 음악에서 수학적 규칙을 발견했습니다.

34

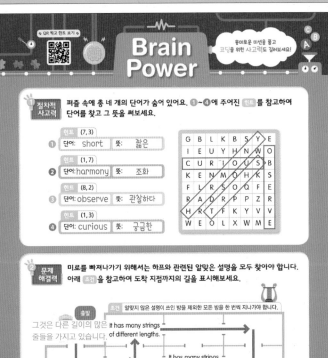

Brain Power

재미로운 미션을 듣고 코딩을 위한 사고력도 길러보세요!

1 절차적 사고력 퍼즐 속에 총 네 개의 단어가 숨어 있어요. ❶~❹에 주어진 힌트를 참고하여 단어를 찾고 그 뜻을 써보세요.

❶ 힌트 (7, 3) 단어: short 뜻: 짧은
❷ 힌트 (1, 7) 단어: harmony 뜻: 조화
❸ 힌트 (8, 2) 단어: observe 뜻: 관찰하다
❹ 힌트 (1, 3) 단어: curious 뜻: 궁금한

G	B	L	K	B	S	Y	E
I	E	U	Y	H	N	W	O
C	U	R	I	O	U	S	B
K	E	N	M	O	H	K	S
F	L	R	S	O	Q	F	E
R	A	D	R	P	P	Z	R
H	R	T	K	F	K	Y	V
W	E	O	L	X	W	M	E

2 문제 해결력 미로를 빠져나가기 위해서는 하프와 관련된 알맞은 설명을 모두 찾아야 합니다. 아래 조건을 참고하여 도착 지점까지의 길을 표시해보세요.

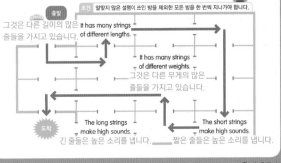

Chapter 1 Music 35

Wrap UP!

Unit 01 다음 주어진 문장 뒤에 올 내용을 순서에 맞게 빈칸에 번호를 써보세요.

서동은 신라의 아름다운 공주, 선화에 대해 들었습니다.

Seodong heard about a beautiful princess of Silla, Seonhwa.

↓

1 Seodong wanted to marry Seonhwa.
서동은 선화와 결혼하고 싶었습니다.

3 Seodong taught children the song and spread it.
서동은 아이들에게 노래를 가르쳐주었고 그것을 퍼뜨렸습니다.

5 Seodong found Seonhwa and married her.
서동은 선화를 찾았고 그녀와 결혼했습니다.

4 Seonhwa's father heard the song and kicked her out.
선화의 아버지는 그 노래를 듣고 그녀를 쫓아냈습니다.

2 Seodong wrote the song "Seodongyo."
서동은 "서동요"라는 노래를 썼습니다.

기억이 안 난다면? 12쪽으로 이동하세요.

Unit 02 보기 에서 알맞은 말을 골라 저작권 보호에 대한 포스터의 빈칸을 완성해보세요.

보기   information   protect   permission   downloads

Let's **protect** Our Valuable Work!
우리의 귀중한 작품을 보호합시다!

COPYRIGHT

We need to pay for some **downloads** .
우리는 몇몇 내려받은 파일들에 대해 비용을 지불해야 합니다.
We need to get **permission** from the owner.
우리는 주인으로부터 허가를 받아야 합니다.
We need to say how we got **information** .
우리는 우리가 정보를 어떻게 얻었는지 말해야 합니다.

기억이 안 난다면? 18쪽으로 이동하세요.

Unit 03 다음 칸딘스키의(Kandinsky) 그림을 보고, 보기 에서 알맞은 말을 골라 각 색깔의 의미를 완성해보세요.

보기   trumpet   warm   serious   pause   violin

trumpet sounds

warm emotions

serious emotions

a **pause**

violin sounds

기억이 안 난다면? 24쪽으로 이동하세요.

Unit 04 피타고라스(Pythagoras)가 망치 소리와 악기를 통해 발견한 규칙에 관하여 알맞은 설명이 되도록 단어를 골라보세요.

Pythagoras found that ...
피타고라스는 발견했습니다...

The light hammers made   low /(high) sounds.
가벼운 망치들은 높은 소리를 만들어 냈습니다.
The heavy hammers made (low)/ high sounds.
무거운 망치들은 낮은 소리를 만들어 냈습니다.

The shorter strings on the harp made   lower /(higher) sounds.
하프의 더 짧은 줄들은 더 높은 소리를 만들어 냈습니다.
The longer strings on the harp made (lower)/ higher sounds.
하프의 더 긴 줄들은 더 낮은 소리를 만들어 냈습니다.

기억이 안 난다면? 30쪽으로 이동하세요.

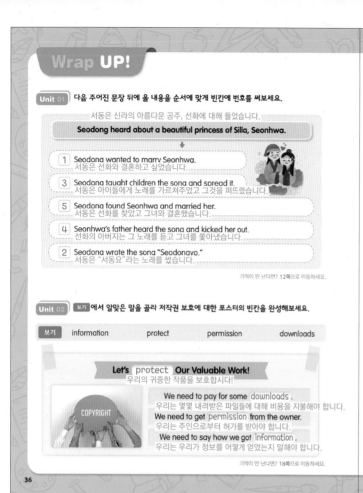
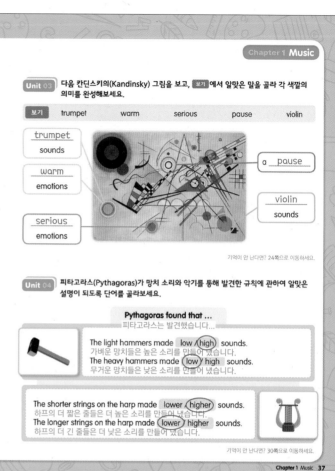
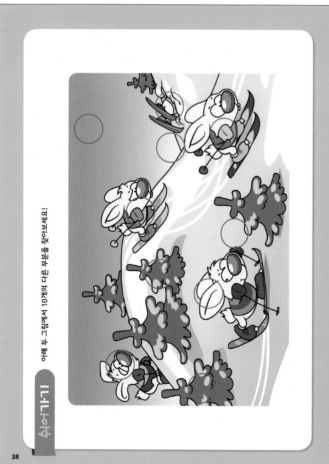

아래 두 그림에서 다른 곳 10군데를 찾아보세요!

UNIT 01 I Want to Be an Architect

당신은 무엇이 되고 싶나요?
Q What do you want to be?

나는 건축가가 되고 싶습니다

Subject Words QR코드를 이용하여 단어를 듣고 따라 읽어보세요.

 wood 목재

 steel 강철

 wall 벽

architect 건축가

design 설계하다

 hospital 병원

 school 학교

More Words QR코드를 이용하여 단어와 예문을 듣고 따라 읽어보세요.

rainbow 무지개
We can see a rainbow after the rain.
우리는 비가 온 뒤에 무지개를 볼 수 있습니다.

safe 안전한
Schools should be safe.
학교는 안전해야 합니다.

strong 튼튼한
I am strong and healthy.
나는 튼튼하고 건강합니다.

study 공부하다
The boy is studying.
그 소년은 공부하고 있습니다.

playground 놀이터
Children are playing at the playground.
아이들이 놀이터에서 놀고 있습니다.

sick 아픈
The girl is sick.
그 소녀는 아픕니다.

42

Vocabulary Check

Subject Words 그림과 뜻을 보고 알맞은 단어를 쓰세요.

① 병원 — hospital

② 설계하다 — design

③ 강철 — steel

④ 벽 — wall

⑤ 학교 — school

⑥ 목재 — wood

⑦ 건축가 — architect

More Words 우리말에 맞는 문장이 되도록 알맞은 단어를 고르세요.

① 그 소년은 공부하고 있습니다.
The boy is (studying / teaching).

② 그 소녀는 아픕니다.
The girl is (toxic / sick).

③ 학교는 안전해야 합니다.
Schools should be (safe / save).

④ 나는 튼튼하고 건강합니다.
I am (smart / strong) and healthy.

⑤ 아이들이 놀이터에서 놀고 있습니다.
Children are playing at the (ground / playground).

⑥ 우리는 비가 온 뒤에 무지개를 볼 수 있습니다.
We can see a (rainbow / harmony) after the rain.

지문을 듣고 따라 읽어보세요.

I Want to Be an Architect

나는 건축가가 되고 싶습니다.

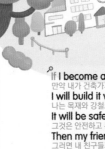

Hi, I'm Alice.
안녕하세요, 나는 Alice입니다.
I want to be an architect.
나는 건축가가 되고 싶습니다.

What do architects do?
건축가들은 무엇을 할까요?
Architects design buildings.
건축가들은 건물들을 설계합니다.
They design houses, schools, and hospitals.
그들은 집, 학교, 병원을 설계합니다.

If I become an architect, I will build a house with a red roof.
만약 내가 건축가가 된다면, 나는 빨간색 지붕의 집을 지을 것입니다.
And I will paint a rainbow on the wall.
그리고 나는 벽에 무지개를 그릴 것입니다.
Then my family will live there.
그러면 나의 가족이 그곳에 살 것입니다.

If I become an architect, I will build a school.
만약 내가 건축가가 된다면, 나는 학교를 지을 것입니다.
I will build it with wood and steel.
나는 목재와 강철로 그것을 지을 것입니다.
It will be safe and strong.
그것은 안전하고 튼튼할 것입니다.
Then my friends and I will study and play there.
그러면 내 친구들과 나는 그곳에서 공부하고 놀 것입니다.

If I become an architect, I will build a hospital for children.
만약 내가 건축가가 된다면, 나는 아이들을 위한 병원을 지을 것입니다.
It will have a big playground.
그것에는 큰 놀이터가 있을 것입니다.
Then sick children can play there!
그러면 아픈 아이들이 그곳에서 놀 수 있습니다!

Key Grammar 접속사 if

If I become an architect, I will build a house with a red roof.
만약 내가 건축가가 된다면, 나는 빨간색 지붕의 집을 지을 것입니다.

접속사 'if' 뒤에 주어와 동사를 쓰면 '만약 ~한다면'이라는 조건을 나타내는 문장을 만들 수 있어요. 조건의 문장은 미래의 일을 나타내지만 동사는 현재 시제를 씁니다.

ⓔ If I become a painter, I will paint people. 만약 내가 화가가 된다면, 나는 사람들을 그릴 것입니다.
If you fall down, I will help you up. 만약 당신이 넘어진다면, 내가 일으켜 줄 것입니다.

캐나다의 어린이들, 건축가가 되다!

캐나다는 건국 150주년을 맞이하여 특별한 프로젝트를 진행했어요. 캐나다의 수도 오타와에 있는 공원에 커다란 놀이터를 만드는 것이었죠. 이 놀이터는 캐나다의 국토 모양을 본 따 만들어졌어요. 이 놀이터의 건축가는 누구였을까요? 바로 놀이터의 주인이 될 캐나다 전국의 어린이들이었어요! 그들은 자신들이 살고 있는 지역을 담은 멋진 놀이터를 직접 설계했답니다.

44

1 다음 질문의 답으로 가장 적절한 것을 골라 보세요.

ⓐ 이 글의 주제는 무엇인가요?

① how to design buildings 건물들을 설계하는 방법

② different buildings for children 아이들을 위한 다양한 건물들

✓ ③ a girl's dream of becoming an architect 건축가가 되는 한 소녀의 꿈

ⓑ 다음 중 Alice가 짓고 싶은 것으로 언급된 것은 무엇인가요?

✓ ① house 집   ② castle 성   ③ hotel 호텔

ⓒ Alice가 짓고 싶은 학교에 관한 설명으로 알맞은 것은 무엇인가요?

① Alice will build a school with a red roof.
Alice는 빨간색 지붕을 가진 학교를 지을 것입니다.

✓ ② Alice will build a school with wood and steel.
Alice는 목재와 강철로 학교를 지을 것입니다.

③ Alice will build a school with a big playground.
Alice는 큰 놀이터를 가진 학교를 지을 것입니다.

2 다음 문장을 읽고 맞으면 T, 틀리면 F에 표시하세요.

① Alice wants to be an architect.
Alice는 건축가가 되고 싶습니다. (T) F

② Alice wants to build a safe and strong school.
Alice는 안전하고 튼튼한 학교를 짓고 싶습니다. (T) F

③ Alice wants to build a hospital for her family.
Alice는 그녀의 가족을 위한 병원을 짓고 싶습니다. T (F)

3 다음 질문에 알맞은 답이 되도록 빈칸에 들어갈 말을 본문에서 찾아 써보세요.

건축가들은 무엇을 하나요?
Q What do architects do?

A Architects ___design___ ___buildings___, like houses, schools, and hospitals.
건축가들은 집, 학교, 병원과 같은 건물들을 설계합니다.

46

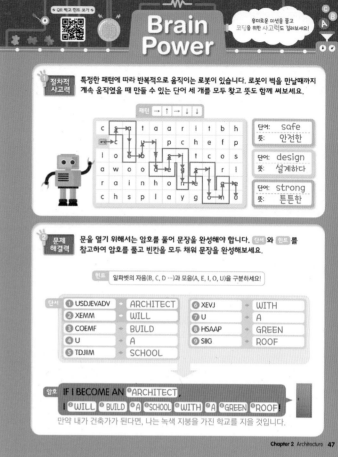

재미로운 미션을 풀고
코딩을 위한 사고력도 길러보세요!

① 절차적 사고력 특정한 패턴에 따라 반복적으로 움직이는 로봇이 있습니다. 로봇이 벽을 만날때까지 계속 움직였을 때 만들 수 있는 단어 세 개를 모두 찾고 뜻도 함께 써보세요.

패턴 [→ ↑ → ↓]

c	s	t	a	a	r	i	t	b	h
←	←	c	u	↓	p	c	h	e	f	p
l	o	b	↓	t	c	o	s
a	w	o	o	e	s	r	l
r	a	i	n	h	o	e	
c	h	s	p	l	a	y	g	o	n

단어: safe 뜻: 안전한
단어: design 뜻: 설계하다
단어: strong 뜻: 튼튼한

② 문제 해결력 문을 열기 위해서는 암호를 풀어 문장을 완성해야 합니다. 단서 와 힌트 를 참고하여 암호를 풀고 빈칸을 모두 채워 문장을 완성해보세요.

힌트 알파벳의 자음(B, C, D …)과 모음(A, E, I, O, U)을 구분하세요!

단서
① USDJEVADV → ARCHITECT
② XEMM → WILL
③ COEMF → BUILD
④ U → A
⑤ TDJIIM → SCHOOL
⑥ XEVJ → WITH
⑦ U → A
⑧ HSAAP → GREEN
⑨ SIIG → ROOF

암호 IF I BECOME AN ①ARCHITECT,
②I WILL ③BUILD ④A ⑤SCHOOL ⑥WITH ⑦A ⑧GREEN ⑨ROOF!
만약 내가 건축가가 된다면, 나는 녹색 지붕을 가진 학교를 지을 것입니다.

화성에 가본 적 있나요?   네   아니요
Q Have you been to Hwaseong? Yes ☐ No ☐

UNIT 02 사회

Hwaseong Fortress 화성

Subject Words QR코드를 이용하여 단어를 듣고 따라 읽어보세요.

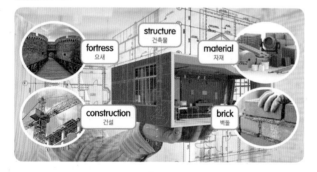

fortress 요새
structure 건축물
material 자재
construction 건설
brick 벽돌

More Words QR코드를 이용하여 단어와 예문을 듣고 따라 읽어보세요.

dynasty 왕조
Cheomseongdae is from the Silla dynasty.
첨성대는 신라 왕조의 것입니다.

several 몇몇의
Several people are building a house.
몇몇 사람들이 집을 짓고 있습니다.

invent 발명하다
I invented a new robot.
나는 새로운 로봇을 발명했습니다.

tool 도구
She uses many tools.
그녀는 많은 도구들을 사용합니다.

along ~을 따라
People walk along the river.
사람들이 강을 따라 걷습니다.

great 큰; *위대한
Einstein was a great scientist.
아인슈타인은 위대한 과학자 였습니다.

48

Vocabulary Check

Subject Words 그림과 뜻을 보고 알맞은 단어를 쓰세요.

①
요새
fortress

②
자재
material

③
벽돌
brick

④
건축물
structure

⑤
건설
construction

More Words 우리말에 맞는 문장이 되도록 알맞은 단어를 고르세요.

① 그녀는 많은 도구들을 사용합니다. She uses many (tools)/ roofs.

② 아인슈타인은 위대한 과학자였습니다. Einstein was a smart /(great) scientist.

③ 첨성대는 신라 왕조의 것입니다. Cheomseongdae is from the Silla (dynasty)/ tale.

④ 몇몇 사람들이 집을 짓고 있습니다. (Several)/ Serious people are building a house.

⑤ 나는 새로운 로봇을 발명했습니다. I (invented)/ represented a new robot.

⑥ 사람들이 강을 따라 걷습니다. People walk to /(along) the river.

36

Hwaseong Fortress 화성

Hwaseong Fortress is a famous structure in Korea.
화성은 한국에서 유명한 건축물입니다.
It is from the Joseon dynasty.
그것은 조선 왕조로부터 온 것입니다.
It was the idea of King Jeongjo.
그것은 정조 대왕의 생각이었습니다.

This fortress is special in several ways.
이 요새는 몇몇 방식으로 특별합니다.
First, people built it with a special material.
첫째, 사람들은 특별한 자재로 그것을 지었습니다.
They didn't only use stones and wood.
그들은 단지 돌과 목재만 사용하지 않았습니다.
They used bricks for the first time!
그들은 처음으로 벽돌을 사용했습니다!
Bricks made the fortress strong.
벽돌은 요새를 튼튼하게 만들었습니다.

Key Grammar 동사 make

Bricks made the fortress strong. 벽돌은 요새를 튼튼하게 만들었습니다.

'make'는 '만듭니다'라는 뜻의 동사입니다. make 뒤에 목적어와 목적어의 상태를 설명하는 단어를 나란히 쓰면 '~를 …하게 만듭니다'라는 의미를 나타냅니다.

◎ The tree makes the garden beautiful. 그 나무는 정원을 아름답게 만듭니다.
The movie made me sad. 그 영화는 나를 슬프게 만들었습니다.

Second, people invented new tools for the construction.
둘째, 사람들은 건설을 위한 새로운 도구들을 발명했습니다.
For example, they invented the *geojunggi*.
예를 들어, 그들은 거중기를 발명했습니다.
It moved heavy materials.
그것은 무거운 자재를 옮겼습니다.
So it made the construction easy.
그래서 그것은 건설을 쉽게 만들었습니다.

geojunggi 거중기

Today, many people walk along the fortress.
오늘날, 많은 사람들은 요새를 따라 걷습니다.
They see a great structure.
그들은 위대한 건축물을 봅니다.
They see great history too!
그들은 위대한 역사도 봅니다!

조선의 신도시, 화성

신도시란 계획적으로 개발한 새로운 주거지를 말해요. 그런데 조선 시대에도 신도시가 있었다는 사실을 알고 있나요? 바로 화성이에요. 당시 정조는 백성들이 편리하게 살 수 있도록 성 안팎의 지리적 특성을 모두 고려하여 화성을 설계하고 건설했다고 합니다. 화성은 오늘날까지도 군사적인 방어 기능과 상업, 주거 기능을 모두 가진 위대한 성곽으로 평가받고 있습니다.

Comprehension Check

1 다음 질문의 답으로 가장 적절한 것을 골라 보세요.

ⓐ 이 글의 주제는 무엇인가요?
　① King Jeongjo's new tools 정조 대왕의 새로운 도구들
　✓ a special fortress in Korea 한국의 특별한 요새
　③ heavy materials from the Joseon dynasty 조선 왕조의 무거운 자재들

ⓑ 다음 중 화성을 건축하는 데 쓰인 자재로 언급되지 않은 것은 무엇인가요?
　① stones 돌　　② wood 목재　　✓ steel 강철

ⓒ 거중기에 관한 설명으로 알맞은 것은 무엇인가요?
　✓ It moved heavy materials.
　　그것은 무거운 자재들을 옮겼습니다.
　② It was the idea of King Jeongjo.
　　그것은 정조 대왕의 생각이었습니다.
　③ It is a famous structure in Korea.
　　그것은 한국에서 유명한 건축물입니다.

2 다음 문장을 읽고 맞으면 T, 틀리면 F에 표시하세요.

① People built Hwaseong Fortress with a special material.
사람들은 특별한 자재로 화성을 지었습니다. 　　**T** F
② In Korea, people used bricks before Hwaseong Fortress.
한국에서, 사람들은 화성 이전에 벽돌들을 사용했습니다. 　T **F**
③ *Geojunggi* made the construction of Hwaseong Fortress difficult.
거중기는 화성의 건설을 어렵게 만들었습니다. 　T **F**

3 다음 질문에 알맞은 답이 되도록 빈칸에 들어갈 말을 본문에서 찾아 써보세요.

사람들은 화성 요새를 짓기 위해 무엇을 사용했나요?
Q What did people use for building Hwaseong Fortress?
A They didn't only use ___stones___ and ___wood___. They also used ___bricks___.
그들은 단지 돌과 목재만 사용하지 않았습니다. 그들은 벽돌도 사용했습니다.

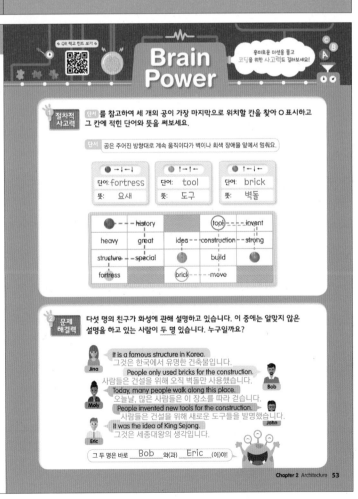

Brain Power

재미로운 미션을 풀고 코딩을 위한 사고력도 길러보세요!

1 절차적 사고력 | 단서 |를 참고하여 세 개의 공이 가장 마지막으로 위치할 칸을 찾아 ○ 표시하고 그 칸에 적힌 단어와 뜻을 써보세요.

단서 공은 주어진 방향대로 계속 움직이다가 벽이나 회색 장애물 앞에서 멈춰요.

●→↓←	●↑→←	●↑←↓
단어: fortress	단어: tool	단어: brick
뜻: 요새	뜻: 도구	뜻: 벽돌

● - - - history			tool - - - invent	
heavy	great	idea - - construction - - strong		
structure - - special		●	build	●
fortress		brick - - - - move		

2 문제 해결력 다섯 명의 친구가 화성에 관해 설명하고 있습니다. 이 중에는 알맞지 않은 설명을 하고 있는 사람이 두 명 있습니다. 누구일까요?

Jina: It is a famous structure in Korea.
그것은 한국에서 유명한 건축물입니다.

Bob: People only used bricks for the construction.
사람들은 건설을 위해 오직 벽돌만 사용했습니다.

Molly: Today, many people walk along this place.
오늘날, 많은 사람들은 이 장소를 따라 걷습니다.

John: People invented new tools for the construction.
사람들은 건설을 위해 새로운 도구들을 발명했습니다.

Eric: It was the idea of King Sejong.
그것은 세종대왕의 생각입니다.

그 두 명은 바로 ___Bob___ 와(과) ___Eric___ (이)야!

UNIT 03 Gaudi's Unique Architecture
가우디의 독특한 건축

Subject Words QR코드를 이용하여 단어를 듣고 따라 읽어보세요.

- curve 곡선
- park 공원
- wavy 물결 모양의
- tile 타일
- line 선

More Words QR코드를 이용하여 단어와 예문을 듣고 따라 읽어보세요.

soft 부드러운
Her dress has soft lines.
그녀의 드레스에는 부드러운 선이 있습니다.

sandcastle 모래성
Two boys are building a sandcastle.
두 소년이 모래성을 쌓고 있습니다.

colorful 다채로운
There are colorful flowers in the garden.
정원에 다채로운 꽃들이 있습니다.

fairy tale 동화
It is like a castle from a fairy tale.
그것은 동화 속의 성 같습니다.

wave 파도
Children are playing in the waves.
아이들이 파도 속에서 놀고 있습니다.

creative 독창인
Your idea is very creative.
당신의 생각은 매우 독창적입니다.

54

Vocabulary Check

Subject Words 그림과 뜻을 보고 알맞은 단어를 쓰세요.

1 물결 모양의 — wavy
2 선 — line
3 곡선 — curve

4 공원 — park
5 타일 — tile

More Words 우리말에 맞는 문장이 되도록 알맞은 단어를 고르세요.

1 그녀의 드레스에는 부드러운 선이 있습니다.   Her dress has ⟨soft⟩/ short lines.
2 당신의 생각은 매우 독창적입니다.   Your idea is very curious /⟨creative⟩.
3 아이들이 파도 속에서 놀고 있습니다.   Children are playing in the ⟨waves⟩/ rivers .
4 그것은 동화 속의 성 같습니다.   It is like a castle from a ⟨fairy tale⟩/ folk tale .
5 두 소년이 모래성을 쌓고 있습니다.   Two boys are building a castle /⟨sandcastle⟩.
6 정원에 다채로운 꽃들이 있습니다.   There are beautiful /⟨colorful⟩ flowers in the garden.

지문을 듣고 따라 읽어보세요.

영상을 보고 읽으면 재미가 두 배!

Gaudi's Unique Architecture 가우디의 독특한 건축

Antoni Gaudi was a famous architect.
안토니 가우디는 유명한 건축가였습니다.

He was from Spain.
그는 스페인 출신이었습니다.

He designed many buildings.
그는 많은 건물들을 설계했습니다.

Here are some of his famous buildings.
여기 그의 유명한 건물들 중 몇몇이 있습니다.

This is a church designed by Gaudi.
Its name is the Sagrada Família.
사그라다 파밀리아
He designed it with soft curves.
It looks like a large sandcastle.

이것은 가우디에 의해 설계된 교회입니다.
그것의 이름은 사그라다 파밀리아입니다.
그는 부드러운 곡선으로 그것을 설계했습니다.
그것은 큰 모래성처럼 보입니다.

La Sagrada Família
사그라다 파밀리아

Key Grammar   look like

The church looks like a large sandcastle.   그 교회는 큰 모래성처럼 보입니다.

'~처럼 보입니다'는 영어로 'look like'로 표현할 수 있어요. 이때 like는 '~처럼', '~같은' 이라는 의미의 전치사이고, like 뒤에는 명사(구)가 옵니다.

◉ Your eyes look like stars. 당신의 눈은 별처럼 보입니다.
  My friend looks like a cat. 내 친구는 고양이처럼 보입니다.

56

This is a park designed by Gaudi.
이것은 가우디에 의해 설계된 공원입니다.

Its name is Park Güell.
구엘 공원
그것의 이름은 구엘 공원입니다.

He designed it with colorful tiles.
그는 다채로운 타일들로 그것을 설계했습니다.

It looks like a land from a fairy tale.
그것은 동화 속 나라처럼 보입니다.

This is a house designed by Gaudi.
이것은 가우디에 의해 설계된 집입니다.

Its name is Casa Milà.
까사 밀라
그것의 이름은 까사 밀라입니다.

He designed it with wavy lines.
그는 물결 모양의 선들로 설계했습니다.

They look like huge ocean waves.
그것들은 거대한 바다 파도처럼 보입니다.

These buildings are very creative.
이 건물들은 매우 독창적입니다.

A lot of people visit them!
많은 사람들이 그곳들을 방문합니다!

🔎 가우디의 마지막 작품, 사그라다 파밀리아(La Sagrada Família) 성당

가우디는 약 40년 동안 사그라다 파밀리아 성당을 짓는 데 혼신의 힘을 다했습니다. 하지만 전차에 치이는 사고로 안타깝게도 성당을 다 짓지 못한 채 생을 마감했어요. 그는 자신의 전 재산을 성당에 기부하고 건축을 계속해 달라는 유언을 남겼어요. 그리고 그의 시신은 성당의 지하에 묻혔답니다. 가우디의 뒤를 이은 건축가들이 지금도 계속 성당을 짓고 있는 중이며, 2026년에 완공될 예정이래요!

Comprehension Check

1 다음 질문의 답으로 가장 적절한 것을 골라 보세요.

ⓐ 이 글의 주제는 무엇인가요?
- ① a famous church in Spain 스페인의 유명한 교회
- ② different lines in architecture 건축에 다양한 선들
- ✓ ③ creative buildings by an architect 한 건축가에 의한 독창적인 건물들

ⓑ 다음 중 가우디(Gaudi)가 지은 건축물이 아닌 것은 무엇인가요?
- ① a church 교회
- ✓ ② a hospital 병원
- ③ a park 공원

ⓒ 가우디(Gaudi)의 건축물에 대한 설명으로 알맞지 <u>않은</u> 것은 무엇인가요?
- ✓ ① Park Güell looks like a large sandcastle.
  구엘 공원은 큰 모래성처럼 보입니다.
- ② Gaudi designed the Sagrada Familia with soft curves.
  가우디는 사그라다 파밀리아를 부드러운 곡선으로 설계했습니다.
- ③ The wavy lines in Casa Milà look like huge ocean waves.
  까사 밀라의 물결 모양 선들은 거대한 바다 파도처럼 보입니다.

2 다음 문장을 읽고 맞으면 T, 틀리면 F에 표시하세요.

① Gaudi was a famous painter from Spain.
가우디는 스페인 출신의 유명한 건축가입니다.   T (F)

② Gaudi designed the Sagrada Familia with colorful tiles.
가우디는 사그라다 파밀리아를 다채로운 타일들로 설계했습니다.   T (F)

③ Many people visit the buildings designed by Gaudi.
많은 사람들은 가우디에 의해 설계된 건물들을 방문합니다.   (T) F

3 다음 질문에 알맞은 답이 되도록 빈칸에 들어갈 말을 본문에서 찾아 써보세요.

가우디에 의해 설계된 건물들이 왜 유명한가요?
Q Why are the buildings designed by Gaudi famous?

A It's because they are very __creative__ .
그것들이 매우 독창적이기 때문입니다.

58

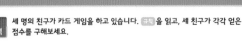

Brain Power

쉽고 재미있는 미션을 풀고 코딩을 위한 사고력도 길러보세요!

문제 해결력 세 명의 친구가 카드 게임을 하고 있습니다. 규칙을 읽고, 세 친구가 각각 얻은 점수를 구해보세요.

규칙
1. 3장의 사진과 9장의 단어 카드가 있습니다.
2. 제시되는 1장의 사진과 관련된 단어 카드를 제시합니다.
3. 사진과 관련된 단어 카드를 제시하면 3점, 그렇지 않으면 0점을 얻습니다.
4. 관련된 카드를 연속으로 제시하면 2점을 추가로 얻습니다.

1회	wavy lines +3	a fairy tale +0	a house +3
2회	a church +0	a park +3	colorful tiles +3 (+2)
3회	soft curves +3	ocean waves +0	a sandcastle +3 (+2)

6 점   3 점   13 점

Chapter 2 Architecture 59

UNIT 04 Different Types of Pyramids
다양한 종류의 피라미드

Q Have you seen a pyramid? 피라미드를 본 적 있나요?   Yes ☐ No ☐ 네 아니요

Subject Words QR코드를 이용하여 단어를 듣고 따라 읽어보세요.

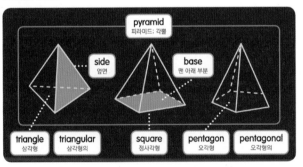

- pyramid 피라미드; 각뿔
- side 옆면
- base 맨 아래 부분
- triangle 삼각형
- triangular 삼각형의
- square 정사각형
- pentagon 오각형
- pentagonal 오각형의

More Words QR코드를 이용하여 단어와 예문을 듣고 따라 읽어보세요.

glass 유리
The building has glass doors.
그 건물에는 유리문이 있습니다.

museum 박물관
The museum has a lot of treasures.
그 박물관은 많은 보물을 소장하고 있습니다.

similar 비슷한
The two girls look similar.
두 소녀는 비슷해 보입니다.

various 다양한
The boy put various things into a box.
그 소년은 다양한 물건들을 박스에 넣었습니다.

shape 모양
The block shapes are different.
블록 모양들이 다릅니다.

look around 둘러보다
The family looks around the house.
그 가족은 집을 둘러봅니다.

60

Vocabulary Check

Subject Words 그림과 뜻을 보고 알맞은 단어를 쓰세요.

① 삼각형 — triangle
② 오각형 — pentagon
③ 정사각형 — square
④ 피라미드; 각뿔 — pyramid
⑤ 맨 아래 부분 — base
⑥ 옆면 — side

More Words 우리말에 맞는 문장이 되도록 알맞은 단어를 고르세요.

① 두 소녀는 비슷해 보입니다.
The two girls look (similar)/ different .

② 그 건물에는 유리문이 있습니다.
The building has (glass)/ metal doors.

③ 그 소년은 다양한 물건들을 박스에 넣었습니다.
The boy put very /(various) things into a box.

④ 그 가족은 집을 둘러봅니다.
The family looks at /(looks around) the house.

⑤ 블록 모양들이 다릅니다.
The block (shapes)/ patterns are different.

⑥ 그 박물관은 많은 보물을 소장하고 있습니다.
The (museum)/ observatory has a lot of treasures.

Chapter 2 Architecture 61

39

다양한 종류의 피라미드
Different Types of Pyramids

Think of one of the Great Pyramids in Egypt.
이집트에 있는 거대한 피라미드 중 하나를 떠올려 보세요.
Think of the glass pyramid at the Louvre Museum.
루브르 박물관에 있는 유리 피라미드를 떠올려 보세요.

They look similar.
그것들은 비슷하게 생겼습니다.
We call them square pyramids.
우리는 그것들을 사각뿔이라고 부릅니다.
It's because they both have square bases.
그것들은 둘 다 정사각형 밑면을 가지고 있기 때문입니다.
They both have four sides.
그것들은 둘 다 네 개의 옆면을 가지고 있습니다.
The four sides are all triangles.
네 개의 옆면은 모두 삼각형입니다.

square pyramid
사각뿔

Key Grammar | Think of ~

Think of one of the Great Pyramids in Egypt. 이집트에 있는 거대한 피라미드 중 하나를 떠올려 보세요.

'Think of ~'는 '~을 생각해 보세요', '~을 떠올려 보세요' 라는 뜻으로, 어떤 대상이나 상황에 대해 생각하도록 권할 때 쓰는 표현입니다. Think of 다음에는 명사(구)가 옵니다.

● Think of a number. 숫자 하나를 생각해 보세요.
　Think of a hot summer day. 더운 여름날을 떠올려 보세요.

62

There are various types of pyramids.
다양한 종류의 각뿔이 있습니다.
The shapes of their bases are different.
그것들의 밑면의 모양들은 다릅니다.

Look at this type of pyramid.
이 종류의 각뿔을 보세요.
The base of this pyramid is a triangle.
이 각뿔의 밑면은 삼각형입니다.
We call this a triangular pyramid.
우리는 이것을 삼각뿔이라고 부릅니다.

triangular pyramid 삼각뿔

Look at this type of pyramid.
이 종류의 각뿔을 보세요.
The base of this pyramid is a pentagon.
이 각뿔의 밑면은 오각형입니다.
So it is a pentagonal pyramid.
그래서 그것은 오각뿔입니다.

pentagonal pyramid 오각뿔

Now look around you.
이제 여러분 주위를 둘러보세요.
What type of pyramids can you find?
어떤 종류의 피라미드를 찾을 수 있나요?

🔊 이집트의 모든 피라미드는 사각뿔 모양일까?

피라미드는 돌이나 벽돌을 쌓아 만든 고대 이집트 왕족의 무덤이에요. 우리는 이집트 피라미드를 떠올릴 때 흔히 사각뿔 모양을 떠올려요. 그런데 피라미드는 뾰족한 사각뿔 모양만 있을까요? 아니에요. 가장 오래된 조세르 왕의 피라미드는 직육면체 모양을 여러 층으로 쌓아 올린 계단식 피라미드랍니다! 따라서 뾰족하지 않은 평평한 꼭대기를 가지고 있어요.

Comprehension Check

1 다음 질문의 답으로 가장 적절한 것을 골라 보세요.

a 이 글의 주제는 무엇인가요?
① different pyramid sides 여러 가지의 피라미드 옆면들
✓ various types of pyramids 다양한 종류의 피라미드
③ different shapes in architecture 건축에 다양한 모양

b 이집트의 피라미드와 루브르 박물관의 피라미드는 어떤 모양인가요?
① triangular pyramids 삼각뿔
✓ square pyramids 사각뿔
③ pentagonal pyramids 오각뿔

c 사각뿔에 관한 설명으로 알맞지 않은 것은 무엇인가요?
① It has four sides.
　그것은 네 개의 옆면을 가지고 있습니다.
② It has a square base.
　그것은 정사각형 밑면을 가지고 있습니다.
✓ The sides are all squares.
　옆면은 모두 정사각형입니다.

2 다음 문장을 읽고 맞으면 T, 틀리면 F에 표시하세요.
① The base of the glass pyramid at the Louvre Museum is a square. (T / F)
　루브르 박물관에 있는 유리 피라미드의 밑면은 정사각형입니다.
② All the sides of a triangular pyramid are triangles. (T / F)
　삼각뿔의 모든 옆면은 삼각형입니다.
③ The side of a pentagonal pyramid is a pentagon. (T / F)
　오각뿔의 옆면은 오각형입니다.

3 다음 질문에 알맞은 답이 되도록 빈칸에 들어갈 말을 본문에서 찾아 써보세요.
이집트의 거대한 피라미드와 루브르 박물관의 유리 피라미드는 왜 비슷하게 생겼나요?
Q Why do the Great Pyramids in Egypt and the glass pyramid at the Louvre Museum look similar?
A It's because they are both ___square___ ___pyramids___.
그것들은 둘 다 사각뿔이기 때문입니다.

64

Brain Power

흥미로운 미션을 풀고 코딩을 위한 사고력도 길러보세요!

절차적 사고력 주어진 표에서 pentagon 모양으로 알파벳을 연결하면 암호를 찾을 수 있습니다. 단서와 그림 힌트를 참고하여 두 암호를 찾고, 그 뜻을 써보세요.

단서

n	r	o	t
k	s	i	l
!	b	c	r

m	l	e	a
o	p	e	x
a	s	h	r

s	g	r	a
e	w	i	l
p	s	!	h

단어: brick
뜻: 벽돌

단어: shape
뜻: 모양

단어: glass
뜻: 유리

문제해결력 길을 통과하기 위해서는 스핑크스가 내는 문제를 맞혀야 합니다. 스핑크스에게 다섯 번의 질문을 할 수 있고, 스핑크스는 Yes 또는 No로만 대답합니다. 빈칸에 알맞은 정답을 써보세요.

Does it have four sides? Yes. 네
그것은 네 개의 옆면을 가지고 있나요?

Are the sides triangles? Yes. 네
옆면들이 삼각형인가요?

Does it have one base? Yes. 네
하나의 밑면을 가지고 있나요?

Is the base a triangle? No. 아니요
밑면이 삼각형인가요?

Is the base a square? Yes. 네
밑면이 정사각형인가요?

Aha! It is a square pyramid!

Yes! 네!

40

Wrap UP!

Unit 01 아래 그림의 ❶~❹가 가리키는 부분에 해당하는 단어를 보기 에서 골라 써보세요.

보기 hospital   rainbow   playground   wall

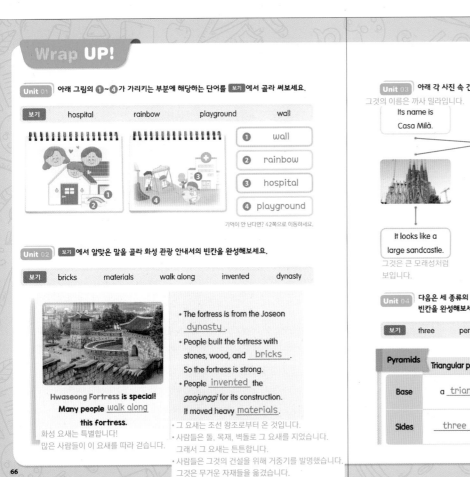

❶ wall
❷ rainbow
❸ hospital
❹ playground

기억이 안 난다면? 42쪽으로 이동하세요.

Unit 02 보기 에서 알맞은 말을 골라 화성 관광 안내서의 빈칸을 완성해보세요.

보기 bricks   materials   walk along   invented   dynasty

Hwaseong Fortress is special!
Many people walk along
this fortress.
화성 요새는 특별합니다!
많은 사람들이 이 요새를 따라 걷습니다.

- The fortress is from the Joseon
  dynasty .
- People built the fortress with
  stones, wood, and bricks .
  So the fortress is strong.
- People invented the
  geojunggi for its construction.
  It moved heavy materials .

• 그 요새는 조선 왕조로부터 온 것입니다.
• 사람들은 돌, 목재, 벽돌로 그 요새를 지었습니다.
  그래서 그 요새는 튼튼합니다.
• 사람들은 그것의 건설을 위해 거중기를 발명했습니다.
  그것은 무거운 자재들을 옮겼습니다.

66

그것의 이름은 사그라다
파밀리아입니다.

Unit 03 아래 각 사진 속 건축물에 관한 설명을 찾아 바르게 연결해보세요.

그것의 이름은 까사 밀라입니다.   그것의 이름은 구엘 공원입니다.

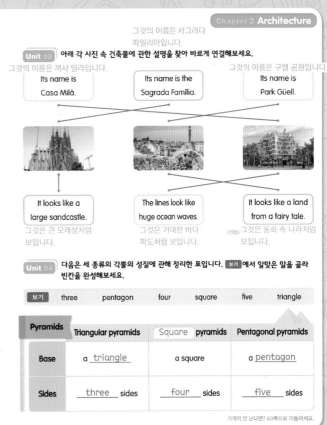

Its name is
Casa Milà.

Its name is the
Sagrada Família.

Its name is
Park Güell.

It looks like a
large sandcastle.

The lines look like
huge ocean waves.

It looks like a land
from a fairy tale.

그것은 큰 모래성처럼
보입니다.

그것은 거대한 바다
파도처럼 보입니다.

기억이 그것은 동화 속 나라처럼
보입니다.

Unit 04 다음은 세 종류의 각뿔의 성질에 관해 정리한 표입니다. 보기 에서 알맞은 말을 골라
빈칸을 완성해보세요.

보기 three   pentagon   four   square   five   triangle

Pyramids	Triangular pyramids	Square pyramids	Pentagonal pyramids
Base	a triangle	a square	a pentagon
Sides	three sides	four sides	five sides

기억이 안 난다면? 60쪽으로 이동하세요.

쉬어가기

여러 도형들이 겹쳐져 있습니다. 똑같이 겹쳐져 있는 두 개를
골라보세요.

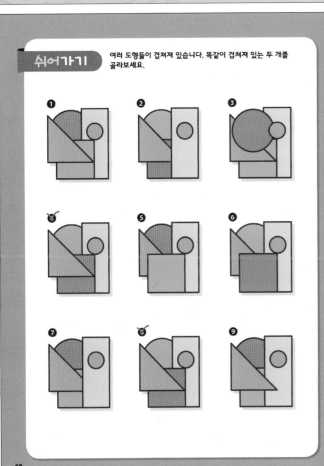

❶ ❷ ❸
❹ ❺ ❻
❼ ❽ ❾

68

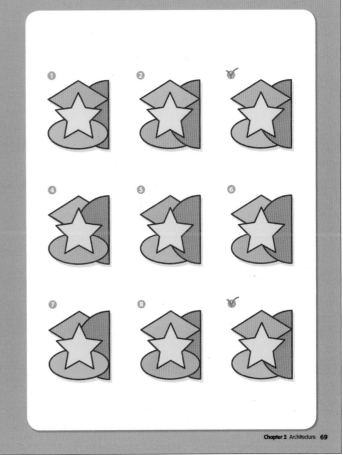

❶ ❷ ❸
❹ ❺ ❻
❼ ❽ ❾

41

UNIT 01 과학

Water and Ice 물과 얼음

Subject Words QR코드를 이용하여 단어를 듣고 따라 읽어보세요.

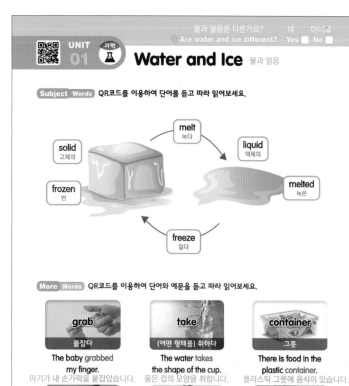

solid
고체의

melt
녹다

liquid
액체의

melted
녹은

frozen
언

freeze
얼다

More Words QR코드를 이용하여 단어와 예문을 듣고 따라 읽어보세요.

grab
붙잡다
The baby grabbed my finger.
아기가 내 손가락을 붙잡았습니다.

take
(어떤 형태를) 취하다
The water takes the shape of the cup.
물은 컵의 모양을 취합니다.

container
그릇
There is food in the plastic container.
플라스틱 그릇에 음식이 있습니다.

clear
투명한
Window glass is clear.
창문 유리는 투명합니다.

form
형태
Ice is the solid form of water.
얼음은 물의 고체 형태입니다.

keep
유지하다
I keep a good relationship with my parents.
나는 부모님과 좋은 관계를 유지합니다.

72

Vocabulary Check

Subject Words 그림과 뜻을 보고 알맞은 단어를 쓰세요.

① 녹다 — melt

② 녹은 — melted

③ 액체의 — liquid

④ 얼다 — freeze

⑤ 언 — frozen

⑥ 고체의 — solid

More Words 우리말에 맞는 문장이 되도록 알맞은 단어를 고르세요.

① 창문 유리는 투명합니다.   Window glass is (clear / creative).

② 얼음은 물의 고체 형태입니다.   Ice is the solid (poem / form) of water.

③ 아기가 내 손가락을 붙잡았습니다.   The baby (grabbed / reached) my finger.

④ 물은 컵의 모양을 취합니다.   The water (detects / takes) the shape of the cup.

⑤ 플라스틱 그릇에 음식이 있습니다.   There is food in the plastic (container / castle).

⑥ 나는 부모님과 좋은 관계를 유지합니다.   I (save / keep) a good relationship with my parents.

Chapter 3 Ice 73

Water and Ice 물과 얼음

Water

물은 액체입니다. 그래서 우리는 물을 붙잡을 수 없습니다.
물은 그것의 모양을 바꿀 수 있습니다.
물은 그것의 그릇의 모양을 취합니다.

Water is liquid. So we cannot grab water.

Water can change its shape.

Water takes the shape of its container.

Water is always clear.

So we can see things in water.

Water can freeze. Frozen water is ice.

물은 항상 투명합니다.
그래서 우리는 물 속에 있는 것들을 볼 수 있습니다.
물은 얼 수 있습니다. 언 물은 얼음입니다.

ⓞ Key Grammar   make A from B

We can make ice from water.   우리는 물로 얼음을 만들 수 있습니다.

'B로 A를 만듭니다'는 영어로 'make A from B'로 표현할 수 있습니다.

ⓞ We make cheese from milk. 우리는 우유로 치즈를 만듭니다.
   We make paper from trees. 우리는 나무로 종이를 만듭니다.

74

Ice

얼음은 물의 고체 형태입니다. 그래서 우리는 얼음을 붙잡을 수 있습니다.
우리는 얼음 그릇에서 얼음을 꺼낼 수 있습니다.
그리고 얼음은 그것의 모양을 여전히 유지할 것입니다.

Ice is the solid form of water. So we can grab ice.

We can take ice out of its container.

And ice will still keep its shape.

Ice is not always clear.   물은 항상 투명하지 않습니다.

Ice can melt. Melted ice is water.   얼음은 녹을 수 있습니다. 녹은 얼음은 물입니다.

Water and ice look different.

They have different shapes and colors.

But they are not totally different.

We can make ice from water.

We can make water from ice.

물과 얼음은 다릅니다.
그것들은 다른 모양과 색깔을 가지고 있습니다.
그러나 그것들은 완전히 다르지 않습니다.
우리는 물로 얼음을 만들 수 있습니다.
우리는 얼음으로 물을 만들 수 있습니다.

 얼음은 투명할까, 불투명할까?

물을 얼음 트레이에 넣어 냉동실에 일정 시간 동안 두면 얼음이 돼요. 이렇게 만든 얼음은 투명할까요, 아니면 불투명할까요? 정답은 둘 다예요. 얼음의 표면이 얼면서 빠져나가지 못한 기체가 안에 남아 있으면 얼음이 불투명하게 보인답니다. 하지만, 물을 끓여 물 속에 녹아있는 공기를 제거한 후 그 물을 곧바로 얼리면 맑고 투명한 얼음을 얻을 수 있어요!

Chapter 3 Ice 75

1 다음 질문의 답으로 가장 적절한 것을 골라 보세요.

Ⓐ 이 글의 주제는 무엇인가요?

① various shapes of ice 다양한 모양의 얼음

② how to make ice from water 물로 얼음을 만드는 방법

✓ the differences between water and ice 물과 얼음의 차이점들

Ⓑ 물은 다음 중 어떤 상태인가요?

① solid 고체　　✓ liquid 액체　　③ gas 기체

Ⓒ 얼음에 관한 설명으로 알맞지 않은 것은 무엇인가요?

① We can grab it. 우리는 그것을 붙잡을 수 있습니다.

✓ It is always clear. 그것은 항상 투명합니다.

③ It keeps its shape. 그것은 그것의 모양을 유지합니다.

2 다음 문장을 읽고 맞으면 T, 틀리면 F에 표시하세요.

① Water takes the shape of its container.
물은 그것의 그릇의 모양을 취합니다. （T／Ｆ）

② Water and ice have the same shapes and colors.
물과 얼음은 모양과 색깔을 가집니다. （T／Ｆ）

③ We can see things in water, because water is clear.
물은 투명하기 때문에 우리는 물 속에 있는 것들을 볼 수 있습니다. （T／Ｆ）

3 다음 질문에 알맞은 답이 되도록 빈칸에 들어갈 말을 본문에서 찾아 써보세요.

Q How are water and ice not totally different? 물과 얼음은 어떻게 완전히 다르지 않나요?

A It's because we can make ice from ___water___, and also we can make water from ___ice___
우리는 물로 얼음을 만들 수 있고, 또 우리는 얼음으로 물을 만들 수 있기 때문입니다.

76

Brain Power
풍미로운 미션을 풀고 코딩을 위한 사고력도 길러보세요!

🟠 절차적 사고력 미로를 빠져 나오려면 그림과 아래의 단어가 알맞게 짝지어진 방만을 통과해야 합니다. 출발 지점부터 도착 지점까지 알맞은 길을 찾아 선으로 이어보세요.

🟠 문제 해결력 여섯 명의 친구가 물 또는 얼음을 먹고 싶어 합니다. 자신이 먹고 싶은 것을 잘못 설명한 친구에게 Ⅴ 표시해보세요.

Chapter 3 Ice 77

북극과 남극은 어디에 있을까요?
⑫ Where are the Arctic and the Antarctic?

UNIT 02 사회

The Arctic and the Antarctic
북극과 남극

Subject Words QR코드를 이용하여 단어를 듣고 따라 읽어보세요.

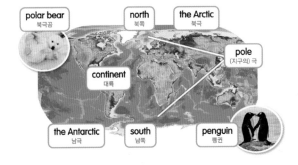

polar bear 북극곰　north 북쪽　the Arctic 북극　pole (지구의) 극　continent 대륙　the Antarctic 남극　south 남쪽　penguin 펭귄

More Words QR코드를 이용하여 단어와 예문을 듣고 따라 읽어보세요.

cold 추운
It's so cold outside.
밖이 매우 춥습니다.

average 평균의
The average number of students in a class is 15.
한 반의 평균 학생 수는 15명입니다.

desert 사막
This desert is hot.
이 사막은 덥습니다.

dry 건조한
My eyes are too dry.
나의 눈은 너무 건조합니다.

do research 조사하다
They did research together.
그들은 함께 조사했습니다.

stay 머무르다
I stayed in bed all day.
나는 하루 종일 침대에 머물렀습니다.

78

Subject Words 그림과 뜻을 보고 알맞은 단어를 쓰세요.

① 북쪽 ___north___

② 남쪽 ___south___

③ 북극곰 ___polar bear___

④ 펭귄 ___penguin___

⑤ 북극 ___the Arctic___

⑥ 남극 ___the Antarctic___

⑦ (지구의) 극 ___pole___

⑧ 대륙 ___continent___

More Words 우리말에 맞는 문장이 되도록 알맞은 단어를 고르세요.

① 나의 눈은 너무 건조합니다. My eyes are too (dry)／deep.

② 나는 하루 종일 침대에 머물렀습니다. I paid／(stayed) in bed all day.

③ 이 사막은 덥습니다. This (desert)／dessert is hot.

④ 밖이 매우 춥습니다. It's so (cold)／cool outside.

⑤ 그들은 함께 조사했습니다. They did homework／(did research) together.

⑥ 한 반의 평균 학생 수는 15명입니다. The (average)／amazing number of students in a class is 15.

Chapter 3 Ice 79

43

The Arctic and the Antarctic 북극과 남극

이곳은 북극입니다.
그곳은 북쪽 극 주변에 있는 지역입니다.
그곳은 언 바다입니다. 그곳은 매우 춥습니다.
평균 기온은 섭씨 영하 24도부터 0도까지입니다.

This is the Arctic.

It's the area around the North Pole.

It's a frozen ocean. It's very cold.

The average temperature is from -24℃ to 0℃.

Some people live here. They are called the Inuit.
이누이트

No penguins live here. But polar bears live here!

몇몇 사람들은 이곳에 삽니다. 그들은 이누이트라고 불립니다.
펭귄은 이곳에 살지 않습니다. 하지만 북극곰은 이곳에 삽니다!

the Arctic 북극

● Key Grammar   from A to B

The average temperature is from -24℃ to 0℃. 평균 기온은 섭씨 영하 24도부터 0도까지입니다.

'from A to B'는 'A부터 B까지'라는 의미예요. 주로 장소, 기온, 시간 등의 시작점부터 끝 지점까지의 범위를 나타내는 표현입니다.

● I go to school from Monday to Friday. 나는 월요일부터 금요일까지 학교에 갑니다.
The restaurant is open from five to ten. 그 식당은 다섯 시부터 열 시까지 문을 엽니다.

80

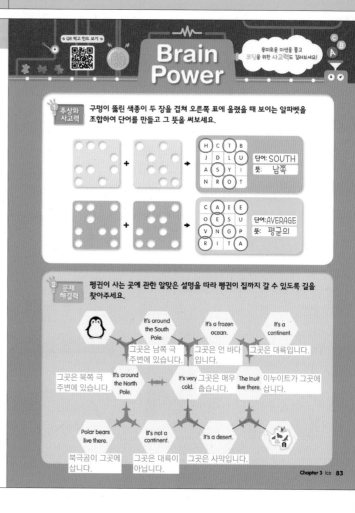

the Antarctic 남극

이곳은 남극입니다.
그곳은 남쪽 극 주변에 있는 지역입니다.
그곳은 대륙입니다. 그곳은 지구에서 가장 큰 사막입니다.
그곳은 매우 춥고 건조합니다.
평균 기온은 섭씨 영하 60도부터 영하 28.2도까지입니다.

This is the Antarctic.

It's the area around the South Pole.

It's a continent. It's the largest desert on Earth.

It's very cold and dry.

The average temperature is from -60℃ to -28.2℃.

Nobody lives here. But people visit and do research here.

They stay here from about November to February.

No polar bears live here. But penguins live here!

아무도 여기에 살지 않습니다. 하지만 사람들은 이곳을 방문해서 조사를 합니다.
그들은 여기에 약 11월부터 2월까지 머무릅니다.
북극곰은 이곳에 살지 않습니다. 하지만 펭귄은 이곳에 삽니다!

북극곰은 원래 북극 근처 시베리아와 알래스카에서 살던 흑곰이었어요. 먹이를 찾아 헤매던 흑곰이 북극까지 이동해서 북극의 환경에 적응하며 지금과 같은 흰곰이 되었답니다. 그렇다면 왜 이 곰들은 먹이를 찾아 남극까지는 가지 못한 것일까요? 그 이유는, 남극은 남극해라는 깊고 넓은 바다에 둘러싸여있기 때문이에요. 곰이 최대 헤엄칠 수 있는 거리는 25 km밖에 되지 않거든요!

Comprehension Check

1 다음 질문의 답으로 가장 적절한 것을 골라 보세요.

ⓐ 이 글의 주제는 무엇인가요?
❶ the largest desert on Earth 지구에서 가장 큰 사막
❷ the Antarctic's four seasons 남극의 사계절
☑ the two polar areas on Earth 지구에 있는 두 극 지역

ⓑ 다음 중 북극(the Arctic)에 관해 언급되지 <u>않은</u> 것은 무엇인가요?
☑ its size 그곳의 크기   ❷ its average temperature 그곳의 평균 기온   ❸ what animals live there 무슨 동물이 그곳에 사는지

ⓒ 남극(the Antarctic)에 관한 설명으로 알맞지 <u>않은</u> 것은 무엇인가요?
❶ It's a cold and dry continent. 그곳은 춥고 건조한 대륙입니다.
❷ No people live there, but penguins live there. 사람들은 그곳에 살지 않지만 펭귄들은 그곳에 삽니다.
☑ The average temperature is from -24℃ to 0℃. 평균 기온은 영하 24도부터 0도까지입니다.

2 다음 문장을 읽고 맞으면 T, 틀리면 F에 표시하세요.

❶ The Arctic is a frozen ocean. 북극은 언 바다입니다.   T F
❷ The Inuit live in the Antarctic. 이누이트는 남극에 삽니다.   T F
❸ The Antarctic is the area around the South Pole. 남극은 남쪽 극 주변에 있는 지역입니다.   T F

3 다음 질문에 알맞은 답이 되도록 빈칸에 들어갈 말을 본문에서 찾아 써보세요.

언제 사람들이 남극에 머무르나요?
Q When do people stay in the Antarctic?

A They stay there from about <u>November</u> to <u>February</u> .
 그들은 그곳에 약 11월부터 2월까지 머무릅니다.

82

Brain Power

흥미로운 미션을 풀고 코딩을 위한 사고력도 길러보세요!

추상화 사고력 구멍이 뚫린 색종이 두 장을 겹쳐 오른쪽 표에 올렸을 때 보이는 알파벳을 조합하여 단어를 만들고 그 뜻을 써보세요.

H	C	T	B
J	D	L	U
A	S	Y	I
N	R	O	T

단어: SOUTH
뜻: 남쪽

C	A	E	E
O	E	S	U
V	N	G	P
R	I	T	A

단어: AVERAGE
뜻: 평균의

문제 해결력 펭귄이 사는 곳에 관한 알맞은 설명을 따라 펭귄이 집까지 갈 수 있도록 길을 찾아주세요.

It's around the South Pole. 그곳은 남쪽 극 주변에 있습니다.

It's a frozen ocean. 그곳은 언 바다입니다.

It's a continent. 그곳은 대륙입니다.

It's around the North Pole. 그곳은 북쪽 극 주변에 있습니다.

It's very cold. 그곳은 매우 춥습니다.

The Inuit live there. 이누이트가 그곳에 삽니다.

Polar bears live there. 북극곰이 그곳에 삽니다.

It's not a continent. 그곳은 대륙이 아닙니다.

It's a desert. 그곳은 사막입니다.

44

UNIT 03 미술 Winter Festivals 겨울 축제들

Subject Words QR코드를 이용하여 단어를 듣고 따라 읽어보세요.

festival 축제
carnival 축제
sculpture 조각품
light 빛, (빛을) 비추다 참고 과거형 lit
activity 활동
fishing 낚시
sledding 썰매타기

More Words QR코드를 이용하여 단어와 예문을 듣고 따라 읽어보세요.

hold 열다
We are holding a birthday party.
우리는 생일 파티를 열고 있습니다.

historical 역사적인
The museum has many historical objects.
그 박물관에는 역사적인 물건들이 많이 있습니다.

figure 인물
He is an important figure in history.
그는 역사에서 중요한 인물입니다.

vivid 선명한
She has vivid blue eyes.
그녀는 선명한 파란 눈을 가지고 있습니다.

fun 재미있는
The movie is really fun.
그 영화는 정말 재미있습니다.

enjoy 즐기다
We enjoy fishing in the river.
우리는 강에서 낚시를 즐깁니다.

84

Subject Words 그림과 뜻을 보고 알맞은 단어를 쓰세요.

1 축제
festival / carnival

2 활동
activity

3 썰매타기
sledding

4 낚시
fishing

5 조각품
sculpture

6 빛, (빛을) 비추다
light

More Words 우리말에 맞는 문장이 되도록 알맞은 단어를 고르세요.

1 그녀는 선명한 파란 눈을 가지고 있습니다. She has light / vivid blue eyes.

2 그 영화는 정말 재미있습니다. The movie is really serious / fun.

3 우리는 생일 파티를 열고 있습니다. We are holding / visiting a birthday party.

4 우리는 강에서 낚시를 즐깁니다. We learn / enjoy fishing in the river.

5 그는 역사에서 중요한 인물입니다. He is an important soldier / figure in history.

6 그 박물관에는 역사적인 물건들이 많이 있습니다. The museum has many historical / chemical objects.

 지문을 듣고 따라 읽어보세요.

Winter Festivals
겨울 축제들

영상을 보고 읽으면 재미가 두 배!

Winter is the time for snow and ice.
겨울은 눈과 얼음의 시기입니다.
Many countries hold festivals in winter.
많은 나라들이 겨울에 축제들을 엽니다.
Here are some famous winter festivals.
여기 몇몇의 유명한 겨울 축제들이 있습니다.

This snow festival takes place in Sapporo, Japan.
이 눈 축제는 일본 삿포로에서 개최됩니다.
It has huge snow and ice sculptures.
이것은 거대한 눈과 얼음 조각들을 가지고 있습니다.
People can see historical buildings made of ice.
사람들은 얼음으로 만들어진 역사적인 건물들을 볼 수 있습니다.
They can see famous figures made of ice too.
그들은 얼음으로 만들어진 유명한 인물들도 볼 수 있습니다.

삿포로 눈축제

Key Grammar take place

This snow festival takes place in Sapporo, Japan. 이 눈 축제는 일본 삿포로에서 개최됩니다.

'개최됩니다', '열립니다'는 영어로 'take place'로 표현할 수 있어요. 이 표현은 주로 미리 준비되거나 계획된 일이 일어날 때 씁니다.

◎ The soccer game will take place in Germany. 축구 경기는 독일에서 개최될 것입니다.
The festival takes place on the island every year. 축제는 매년 그 섬에서 열립니다.

86

This is the Harbin Ice and Snow Festival.
이것은 하얼빈 눈 얼음 축제입니다.
It takes place in Harbin, China.
이것은 중국 하얼빈에서 열립니다.
The ice sculptures are lit in different colors.
얼음 조각들은 여러 가지 색깔의 빛들로 비춰집니다.
The lights are very vivid and colorful.
그 빛들은 매우 선명하고 다채롭습니다.

하얼빈 국제 빙설제

This is the Quebec Winter Carnival.
이것은 퀘벡 겨울 축제입니다.
It takes place in Quebec, Canada.
이것은 캐나다 퀘벡에서 열립니다.
It has fun winter activities.
이것에는 재미있는 겨울 활동이 있습니다.
People enjoy ice fishing.
사람들은 얼음낚시를 즐깁니다.
They enjoy sledding on ice too.
그들은 얼음 위에서 썰매도 즐깁니다.

퀘벡 윈터 카니발

얼음나라, 화천 산천어 축제

우리나라에도 겨울 축제가 있다는 사실, 알고 있나요? 바로 강원도 화천에서 열리는 산천어 축제랍니다. 산천어 축제에서는 꽁꽁 언 얼음 위에 구멍을 뚫어서 산천어를 낚는 얼음낚시를 즐길 수 있어요. 또, 얼음물 속에 발을 담그고 맨손으로 산천어를 잡아 올리는 체험도 할 수 있답니다. 이뿐만 아니라 온 가족이 함께 썰매를 타거나 거대한 건축물과 조각상을 볼 수도 있어요.

Comprehension Check

1 다음 질문의 답으로 가장 적절한 것을 골라 보세요.

ⓐ 이 글의 주제는 무엇인가요?

① huge ice sculptures in Asia 아시아의 거대한 얼음 조각들

② how to enjoy fun activities in winter 겨울에 재미있는 활동들을 즐기는 방법

✓③ famous winter festivals in other countries 다른 나라들의 유명한 겨울 축제들

ⓑ 각 나라의 겨울 축제들에 관한 설명으로 알맞지 <u>않은</u> 것은 무엇인가요?

① We can see buildings made of ice in Sapporo.
우리는 삿포로에서 얼음으로 만들어진 건물들을 볼 수 있습니다.

✓② The ice sculptures in Harbin are lit in the same color.
하얼빈에 있는 얼음 조각들은 같은 색의 빛으로 비춰집니다.

③ We can enjoy ice fishing in Quebec.
우리는 퀘벡에서 얼음낚시를 즐길 수 있습니다.

ⓒ 다음 중 퀘벡의 겨울 축제에서 즐길 수 있는 활동은 무엇인가요?

✓① sledding 썰매타기   ② swimming 수영   ③ camping 캠핑

2 다음 문장을 읽고 맞으면 T, 틀리면 F에 표시하세요.

① There are famous figures made of ice in Sapporo.
삿포로에는 얼음으로 만들어진 유명한 인물들이 있습니다. (T / F)

② Ice sculptures in Harbin are lit with vivid and colorful lights.
하얼빈의 얼음 조각들은 선명하고 다채로운 빛들로 비춰집니다. (T / F)

③ People in Quebec don't enjoy winter activities.
퀘벡에서 사람들은 겨울 활동들을 즐기지 않습니다. (T / F)

3 다음 질문에 알맞은 답이 되도록 빈칸에 들어갈 말을 본문에서 찾아 써보세요.
삿포로 눈 축제에서 우리는 무엇을 볼 수 있나요?

Q What can we see at the Sapporo Snow Festival?

A We can see huge snow and ice <u>sculptures</u>, such as <u>historical</u> buildings and famous <u>figures</u> made of ice.
우리는 얼음으로 만들어진 역사적인 건물들과 유명한 인물들과 같이 거대한 눈과 얼음 조각들을 볼 수 있습니다.

88

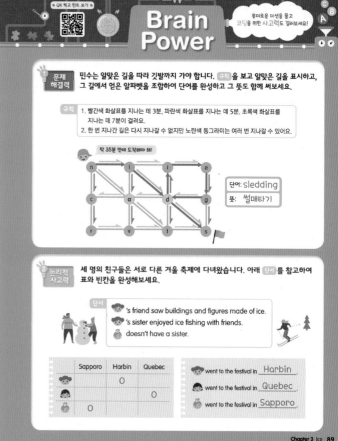

Brain Power

흥미로운 미션을 풀고
코딩을 위한 사고력도 길러보세요!

1 문제 해결력 민수는 알맞은 길을 따라 깃발까지 가야 합니다. 규칙 을 보고 알맞은 길을 표시하고, 그 길에서 얻은 알파벳을 조합하여 단어를 완성하고 그 뜻도 함께 써보세요.

규칙
1. 빨간색 화살표를 지나는 데 3분, 파란색 화살표를 지나는 데 5분, 초록색 화살표를 지나는 데 7분이 걸려요.
2. 한 번 지나간 길은 다시 지나갈 수 없지만 노란색 동그라미는 여러 번 지나갈 수 있어요.

딱 35분 만에 도착했어 야 해!

단어: sledding
뜻: 썰매타기

2 논리적 사고력 세 명의 친구들은 서로 다른 겨울 축제에 다녀왔습니다. 아래 단서 를 참고하여 표와 빈칸을 완성해보세요.

단서
's friend saw buildings and figures made of ice.
's sister enjoyed ice fishing with friends.
doesn't have a sister.

	Sapporo	Harbin	Quebec
		O	
			O
	O		

went to the festival in <u>Harbin</u>
went to the festival in <u>Quebec</u>
went to the festival in <u>Sapporo</u>

Chapter 3 Ice 89

우리는 물건들의 크기를 어떻게 비교하나요?
How do we compare the sizes of things?

UNIT 04 수학

Which Piece of Ice Is Bigger?
어떤 얼음 조각이 더 클까요?

Subject Words QR코드를 이용하여 단어를 듣고 따라 읽어보세요.

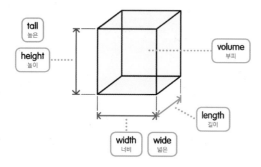

tall 높은
height 높이
volume 부피
length 길이
width 너비
wide 넓은

More Words QR코드를 이용하여 단어와 예문을 듣고 따라 읽어보세요.

receive 받다
The boy received a letter.
소년이 편지를 받았습니다.

piece 조각
There is a piece of cake on the table.
식탁 위에 케이크 한 조각이 있습니다.

compare 비교하다
The girl is comparing two apples.
소녀가 두 사과를 비교하고 있습니다.

multiply 곱하다
I can multiply numbers in my head.
나는 머릿속으로 숫자를 곱할 수 있습니다.

result 결과
I got an interesting result.
나는 흥미로운 결과를 얻었습니다.

therefore 그러므로
Some animals are rare. Therefore, we should protect them.
몇몇 동물들은 희귀합니다. 그러므로 우리는 그들을 보호해야 합니다.

90

Vocabulary Check

Subject Words 그림과 뜻을 보고 알맞은 단어를 쓰세요.

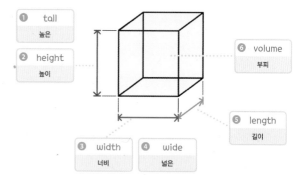

① tall 높은
② height 높이
⑥ volume 부피
⑤ length 길이
③ width 너비
④ wide 넓은

More Words 우리말에 맞는 문장이 되도록 알맞은 단어를 고르세요.

① 소녀가 두 사과를 비교하고 있습니다.
The girl is (comparing / grabbing) two apples.

② 소년이 편지를 받았습니다.
The boy (read / received) a letter.

③ 나는 흥미로운 결과를 얻었습니다.
I got an interesting (result / report).

④ 나는 머릿속으로 숫자를 곱할 수 있습니다.
I can (add / multiply) numbers in my head.

⑤ 식탁 위에 케이크 한 조각이 있습니다.
There is a (piece / pile) of cake on the table.

⑥ 몇몇 동물들은 희귀합니다. 그러므로 우리는 그들을 보호해야 합니다.
Some animals are rare. (But / Therefore), we should protect them.

Chapter 3 Ice 91

46

Which Piece of Ice Is Bigger?

어떤 얼음 조각이 더 클까요?

Jenny

Eric

Jenny와 Eric은 각각 얼음 한 조각을 받았습니다.
Jenny의 얼음 조각은 Eric의 것보다 더 높아 보입니다.
하지만 Eric의 얼음 조각은 Jenny의 것보다 더 넓어 보입니다.

Jenny and Eric each received a piece of ice.

Jenny's piece of ice seems taller than Eric's.

But Eric's piece of ice seems wider than Jenny's.

Which one is bigger? How do we compare them?

We compare them by measuring their volumes.

어느 것이 더 클까요? 우리는 그것들을 어떻게 비교할까요?
우리는 그것들의 부피를 측정함으로써 그것들을 비교합니다.

Key Grammar seem

Jenny's piece of ice seems taller than Eric's. Jenny의 얼음 조각이 Eric의 것보다 높아 보입니다.

'seem'은 '(~인 것처럼) 보입니다', '~인 것 같습니다'라는 뜻의 동사예요. seem 뒤에는 주어의 상태를 설명하는 형용사나 명사를 씁니다.

☺ You seem happy. 당신은 행복해 보입니다.
  Your T-shirt seems large. 당신의 티셔츠는 커 보입니다.

92

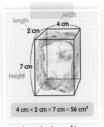

4 cm × 2 cm × 7 cm = 56 cm³

Jenny's piece of ice

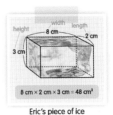

8 cm × 2 cm × 3 cm = 48 cm³

Eric's piece of ice

Jenny's piece of ice is 4 cm in width.
It is 2 cm in length and 7 cm in height.

Jenny의 얼음 조각은 너비가 4 cm입니다.
그것은 길이가 2 cm이고 높이가 7 cm입니다.

Eric's piece of ice is 8 cm in width.
It is 2 cm in length and 3 cm in height.

Eric의 얼음 조각은 너비가 8 cm입니다.
그것은 길이가 2 cm이고 높이가 3 cm입니다.

Multiply width, length, and height. The result is the volume.

너비, 길이, 높이를 곱하세요. 그 결과가 부피입니다.

The volume of Jenny's piece of ice is 56 cm³.

The volume of Eric's piece of ice is 48 cm³.

Therefore, Jenny's piece of ice is bigger!

Jenny의 얼음 조각의 부피는 56 cm³입니다.
Eric의 얼음 조각의 부피는 48 cm³입니다.
그러므로, Jenny의 얼음 조각이 더 큽니다!

직육면체의 부피를 구해보자!

직육면체는 직사각형 여섯 개가 면을 이루어 둘러싸고 있는 도형이에요. 이 직육면체의 부피는 어떻게 측정할까요? 우선 한 밑면의 넓이를 구한 뒤 높이를 곱해줍니다. 공식으로 정리하면, '한 밑면의 넓이 × 높이', 즉 '가로 × 세로 × 높이'가 됩니다. 주위에서 직육면체 모양의 물건을 찾아보세요. 그리고 직육면체의 부피를 구하는 공식을 이용해 부피를 구해볼까요?

Comprehension Check

1 다음 질문의 답으로 가장 적절한 것을 골라 보세요.

ⓐ 이 글의 주제는 무엇인가요?

① Jenny's big piece of ice Jenny의 큰 얼음 조각

✓ the volumes of two pieces of ice 두 얼음 조각의 부피

③ the difference between length and height 길이와 높이의 차이

ⓑ 다음 중 부피를 구할 때 필요한 것이 아닌 것은 무엇인가요?

① width 너비 ② length 길이 ✓ weight 무게

ⓒ Eric의 얼음 조각에 관한 설명으로 알맞은 것은 무엇인가요?

① It is taller than Jenny's piece of ice.
   그것은 Jenny의 얼음 조각보다 더 높습니다.

✓ It is wider than Jenny's piece of ice.
   그것은 Jenny의 얼음 조각보다 더 넓습니다.

③ It is bigger than Jenny's piece of ice.
   그것은 Jenny의 얼음 조각보다 더 큽니다.

2 다음 문장을 읽고 맞으면 T, 틀리면 F에 표시하세요.

① Jenny's piece of ice is taller than Eric's.
   Jenny의 얼음 조각은 Eric의 것보다 더 높습니다. Ⓣ Ⓕ

② The volume of Eric's piece of ice is 56 cm³.
   Eric의 얼음 조각의 부피는 56 cm³입니다. Ⓣ Ⓕ

③ Eric's piece of ice is smaller than Jenny's.
   Eric의 얼음 조각은 Jenny의 것보다 더 작습니다. Ⓣ Ⓕ

3 다음 질문에 알맞은 답이 되도록 빈칸에 들어갈 말을 본문에서 찾아 써보세요.

Q How do we measure volume? 우리는 부피를 어떻게 측정하나요?

A We measure volume by multiplying __width__, __length__, and __height__. The __result__ is the volume.

우리는 너비, 길이, 높이를 곱함으로써 부피를 측정합니다. 그 결과가 부피입니다.

94

Brain Power

흥미로운 미션을 풀고 코딩을 위한 사고력도 길러보세요.

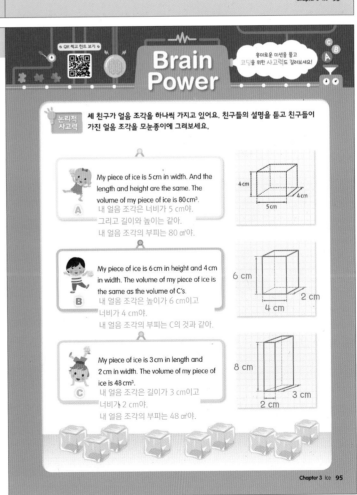

논리적 사고력 세 친구가 얼음 조각을 하나씩 가지고 있어요. 친구들의 설명을 듣고 친구들이 가진 얼음 조각을 모눈종이에 그려보세요.

A My piece of ice is 5 cm in width. And the length and height are the same. The volume of my piece of ice is 80 cm³.
   내 얼음 조각은 너비가 5 cm야. 그리고 길이와 높이는 같아. 내 얼음 조각의 부피는 80 cm³야.

4 cm
5 cm

B My piece of ice is 6 cm in height and 4 cm in width. The volume of my piece of ice is the same as the volume of C's.
   내 얼음 조각은 높이가 6 cm이고 너비가 4 cm야. 내 얼음 조각의 부피는 C의 것과 같아.

6 cm
4 cm
2 cm

C My piece of ice is 3 cm in length and 2 cm in width. The volume of my piece of ice is 48 cm³.
   내 얼음 조각은 길이가 3 cm이고 너비가 2 cm야. 내 얼음 조각의 부피는 48 cm³야.

8 cm
2 cm
3 cm

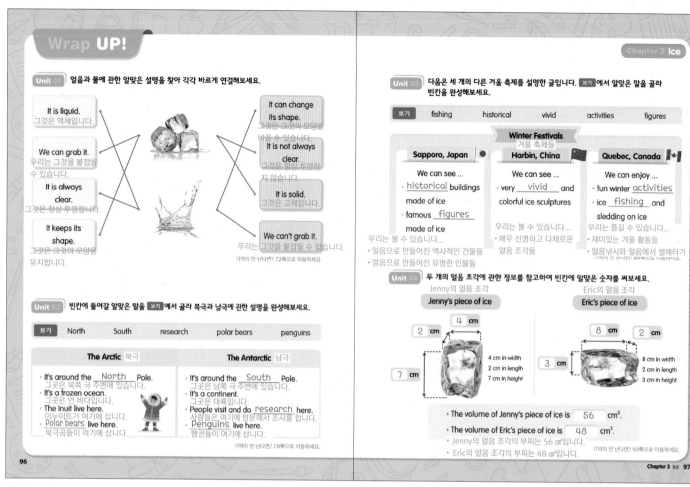

Wrap UP!

Unit 01 얼음과 물에 관한 알맞은 설명을 찾아 각각 바르게 연결해보세요.

It is liquid.
그것은 액체입니다.

We can grab it.
우리는 그것을 붙잡을 수 있습니다.

It is always clear.
그것은 항상 투명합니다.

It keeps its shape.
그것은 그것의 모양을 유지합니다.

It can change its shape.
그것은 그것의 모양을 바꿀 수 있습니다.

It is not always clear.
그것은 항상 투명하지 않습니다.

It is solid.
그것은 고체입니다.

We can't grab it.
우리는 그것을 붙잡을 수 없습니다.

기억이 안 난다면? 72쪽으로 이동하세요.

Unit 02 빈칸에 들어갈 알맞은 말을 보기 에서 골라 북극과 남극에 관한 설명을 완성해보세요.

보기 North   South   research   polar bears   penguins

The Arctic 북극

- It's around the **North** Pole.
  그곳은 북쪽 극 주변에 있습니다.
- It's a frozen ocean.
  그곳은 언 바다입니다.
- The Inuit live here.
  이누이트가 여기에 삽니다.
- **Polar bears** live here.
  북극곰들이 여기에 삽니다.

The Antarctic 남극

- It's around the **South** Pole.
  그곳은 남쪽 극 주변에 있습니다.
- It's a continent.
  그곳은 대륙입니다.
- People visit and do **research** here.
  사람들은 여기에 방문해서 조사를 합니다.
- **Penguins** live here.
  펭귄들이 여기에 삽니다.

기억이 안 난다면? 78쪽으로 이동하세요.

Unit 03 다음은 세 개의 다른 겨울 축제를 설명한 글입니다. 보기 에서 알맞은 말을 골라 빈칸을 완성해보세요.

보기 fishing   historical   vivid   activities   figures

Winter Festivals
겨울 축제들

Sapporo, Japan

We can see ...
- **historical** buildings made of ice
- famous **figures** made of ice

우리는 볼 수 있습니다...
- 얼음으로 만들어진 역사적인 건물들
- 얼음으로 만들어진 유명한 인물들

Harbin, China

We can see ...
- very **vivid** and colorful ice sculptures

우리는 볼 수 있습니다...
- 매우 선명하고 다채로운 얼음 조각들

Quebec, Canada

We can enjoy ...
- fun winter **activities**
- ice **fishing** and sledding on ice

우리는 즐길 수 있습니다...
- 재미있는 겨울 활동들
- 얼음낚시와 얼음에서 썰매타기

Unit 04 두 개의 얼음 조각에 관한 정보를 참고하여 빈칸에 알맞은 숫자를 써보세요.

Jenny의 얼음 조각
Jenny's piece of ice

4 cm
2 cm
7 cm

4 cm in width
2 cm in length
7 cm in height

Eric의 얼음 조각
Eric's piece of ice

8 cm
2 cm
3 cm

8 cm in width
2 cm in length
3 cm in height

- The volume of Jenny's piece of ice is **56** cm³.
- The volume of Eric's piece of ice is **48** cm³.
- Jenny의 얼음 조각의 부피는 56 cm³입니다.
- Eric의 얼음 조각의 부피는 48 cm³입니다.

기억이 안 난다면? 90쪽으로 이동하세요.

쉬어가기

아래 계산식을 참고하여 마지막 문제의 답을 써보세요.

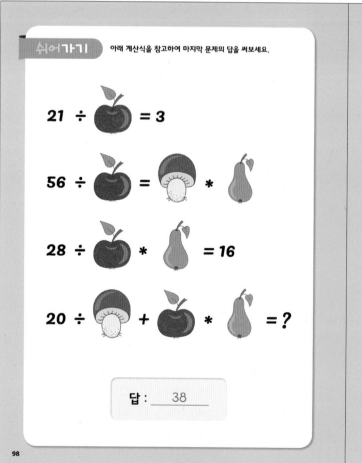

$21 \div$ 🍎 $= 3$

$56 \div$ 🍎 $=$ 🍄 $*$ 🍐

$28 \div$ 🍎 $*$ 🍐 $= 16$

$20 \div$ 🍄 $+$ 🍎 $*$ 🍐 $= ?$

답 : **38**

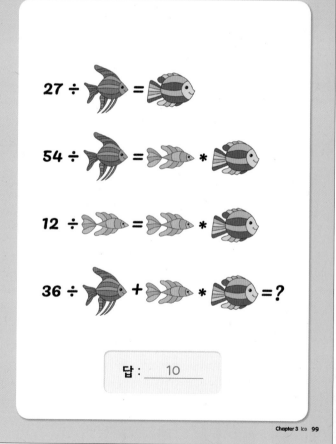

$27 \div$ 🐟 $=$ 🐟

$54 \div$ 🐟 $=$ 🐟 $*$ 🐟

$12 \div$ 🐟 $=$ 🐟 $*$ 🐟

$36 \div$ 🐟 $+$ 🐟 $*$ 🐟 $= ?$

답 : **10**

48

초등영어

리딩이 된다

Jump 3

WORKBOOK 정답 및 해설

UNIT 01 사회 🌐 Seodong's Song

Subject Words 빈칸에 들어갈 알맞은 단어를 쓰세요.

- **princess** 공주
- **marry** 결혼하다
- **spread** 퍼뜨리다
- **tale** 이야기
- **children** 아이들

More Words 우리말에 맞도록 빈칸에 들어갈 알맞은 말을 보기 에서 찾아 쓰세요.

보기 angry   wish   interesting   kicked ~ out   taught   true

1. There is an __interesting__ tale from Silla.
   신라에서 온 흥미로운 이야기가 있습니다.
2. The song was not __true__. It was Seodong's __wish__.
   그 노래는 사실이 아니었습니다. 그것은 서동의 소원이었습니다.
3. Seodong __taught__ children the song.
   서동은 그 노래를 아이들에게 가르쳤습니다.
4. Seonhwa's father heard the song and got __angry__.
   선화의 아버지는 그 노래를 듣고 화가 났습니다.
5. Seonhwa's father __kicked__ Seonhwa __out__.
   선화의 아버지는 선화를 쫓아냈습니다.

Chapter 1 Music   3

Grammar - Writing Link

want to ~   ~하고 싶습니다

'~하고 싶습니다'는 영어로 'want to ~'로 표현할 수 있어요. 'want to ~'의 과거형은 'wanted to ~' 이고, '~하고 싶었습니다'로 해석됩니다. want(ed) to 다음에는 꼭 동사원형을 써야 합니다.

Step 1 빈칸을 알맞게 채워 문장을 완성해 보세요.

1. 서동은 공주와 결혼하고 싶었습니다.
   → Seodong __wanted__ __to__ marry the princess.
2. 서동은 그 노래를 퍼뜨리고 싶었습니다.
   → Seodong __wanted__ __to__ spread the song.

Step 2 우리말 뜻에 맞게 괄호 안의 단어를 알맞은 순서로 배열해 보세요.

1. 나는 집에 가고 싶습니다. (want to, I, go, home)
   → __I want to go home.__
2. Anna는 눈사람을 만들고 싶었습니다. (Anna, build, a snowman, wanted to)
   → __Anna wanted to build a snowman.__

Step 3 우리말 뜻에 맞게 주어진 단어를 사용해 문장을 만들어 보세요.

1. 나는 과학자가 되고 싶습니다. (a scientist, I, be)
   → __I want to be a scientist.__
2. 내 동생은 장난감을 사고 싶었습니다. (buy, my brother, a toy)
   → __My brother wanted to buy a toy.__

4   Chapter 1 Music

UNIT 02 실과 🌐 Copyright

Subject Words 빈칸에 들어갈 알맞은 단어를 쓰세요.

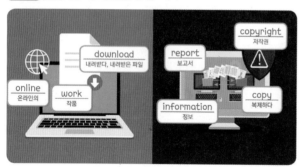

- **copyright** 저작권
- **download** 내려받다, 내려받은 파일
- **report** 보고서
- **online** 온라인의
- **work** 작품
- **information** 정보
- **copy** 복제하다

More Words 우리말에 맞도록 빈칸에 들어갈 알맞은 말을 보기 에서 찾아 쓰세요.

보기 effort   freely   illegal   owner   permission   protects

1. It could be __illegal__.
   그것은 불법일 수도 있습니다.
2. You need to get __permission__ from the __owner__.
   당신은 주인으로부터 허락을 받아야 합니다.
3. Why can't we use those things __freely__?
   왜 우리는 그것들을 자유롭게 이용할 수 없을까요?
4. It's because their copyright __protects__ them.
   왜냐하면 저작권이 그것들을 보호하기 때문입니다.
5. Every work takes __effort__ and time.
   모든 작품은 노력과 시간을 필요로 합니다.

Chapter 1 Music   5

Grammar - Writing Link

need to ~   ~해야 합니다

'~해야 합니다'는 영어로 'need to ~'로 표현할 수 있어요. need to 다음에는 꼭 동사원형을 써야 합니다.

Step 1 빈칸을 알맞게 채워 문장을 완성해 보세요.

1. 때때로 당신은 내려받은 파일에 대한 비용을 지불해야 합니다.
   → Sometimes you __need__ __to__ pay for downloads.
2. 당신은 그 정보를 당신이 어떻게 구했는지 말해야 합니다.
   → You __need__ __to__ say how you got the information.

Step 2 우리말 뜻에 맞게 괄호 안의 단어를 알맞은 순서로 배열해 보세요.

1. 나는 역사책을 한 권 사야 합니다. (a history book, buy, I, need to)
   → __I need to buy a history book.__
2. 우리는 당신의 가방을 확인해야 합니다. (check, your bag, need to, we)
   → __We need to check your bag.__

Step 3 우리말 뜻에 맞게 주어진 단어를 사용해 문장을 만들어 보세요.

1. 우리는 역사를 배워야 합니다. (history, we, learn)
   → __We need to learn history.__
2. 나는 그녀의 이름을 알아야 합니다. (her name, I, know)
   → __I need to know her name.__

6   Chapter 1 Music

UNIT 03 🎨 미술 Painting Music

Subject Words 빈칸에 들어갈 알맞은 단어를 쓰세요.

color 색
white 흰색
blue 파란색
yellow 노란색
green 초록색

More Words 우리말에 맞도록 빈칸에 들어갈 알맞은 말을 보기 에서 찾아 쓰세요.

보기   emotions   serious   pause   matched   violin   trumpet

1 Kandinsky felt many different __emotions__ from music.
칸딘스키는 음악으로부터 많은 다른 감정들을 느꼈습니다.

2 Kandinsky __matched__ colors to sounds.
칸딘스키는 색들을 소리들에 연결시켰습니다.

3 Kandinsky expressed __trumpet__ sounds with yellow.
칸딘스키는 노란색으로 트럼펫 소리를 표현했습니다.

4 Kandinsky expressed __violin__ sounds with green.
칸딘스키는 초록색으로 바이올린 소리를 표현했습니다.

5 White meant a __pause__.
흰색은 멈춤을 의미했습니다.

6 Kandinsky expressed __serious__ emotions with blue.
칸딘스키는 파란색으로 진지한 감정을 표현했습니다.

전치사 with   ~로, ~을 이용하여

'with'는 '~로', '~을 이용하여'라는 뜻으로, 도구나 수단을 나타낼 때 사용하는 전치사입니다.

Step 1 빈칸을 알맞게 채워 문장을 완성해 보세요.

1 칸딘스키는 노란색으로 트럼펫 소리를 표현했습니다.
→ Kandinsky expressed trumpet sounds __with__ yellow.

2 칸딘스키는 노란색으로 따뜻한 감정을 표현했습니다.
→ Kandinsky expressed warm emotions __with__ yellow.

Step 2 우리말 뜻에 맞게 괄호 안의 단어를 알맞은 순서로 배열해 보세요.

1 나는 사과로 맛있는 음식을 만듭니다. (make, apples, delicious foods, I, with)
→ I make delicious foods with apples.

2 나의 여동생은 연필로 편지를 썼습니다. (a letter, a pencil, my sister, with, wrote)
→ My sister wrote a letter with a pencil.

Step 3 우리말 뜻에 맞게 주어진 단어를 사용해 문장을 만들어 보세요.

1 그는 이 책으로 영어를 공부합니다. (English, he, studies, this book)
→ He studies English with this book.

2 그녀는 종이를 이용하여 비행기를 만들었습니다. (made, paper, she, an airplane)
→ She made an airplane with paper.

UNIT 04 ➗ 수학 Math in Harmony

Subject Words 빈칸에 들어갈 알맞은 단어를 쓰세요.

harp 하프
sound 소리
high 높은
long 긴
string 줄
low 낮은
length 길이
short 짧은
harmony 화음

More Words 우리말에 맞도록 빈칸에 들어갈 알맞은 말을 보기 에서 찾아 쓰세요.

보기   observing   walked   hammers   mathematical   street   curious

1 One day, Pythagoras __walked__ down a __street__.
어느 날, 피타고라스는 거리를 걷고 있었습니다.

2 Pythagoras heard the sound of __hammers__.
피타고라스는 망치 소리를 들었습니다.

3 Pythagoras was __curious__ about the sound.
피타고라스는 그 소리에 대해 궁금했습니다.

4 Pythagoras started __observing__ the hammers.
피타고라스는 망치를 관찰하기 시작했습니다.

5 Pythagoras found __mathematical__ rules in music.
피타고라스는 음악에서 수학적 규칙을 발견했습니다.

The 비교급, the 비교급   ~하면 할수록, 더 …합니다

영어에는 다양한 비교 표현이 있어요. 그 중 'The 비교급+주어+동사, the 비교급+주어+동사'는 '~하면 할수록, 더 …합니다'라는 뜻으로 쓰이는 표현입니다.

Step 1 빈칸을 알맞게 채워 문장을 완성해 보세요.

1 줄이 짧으면 짧을수록, 소리가 더 높았습니다. (short, high)
→ The __shorter__ the string was, __the__ __higher__ the sound was.

2 줄이 길면 길수록, 소리가 더 낮았습니다. (long, low)
→ The __longer__ the string was, __the__ __lower__ the sound was.

Step 2 우리말 뜻에 맞게 괄호 안의 단어를 알맞은 순서로 배열해 보세요.

1 날씨가 따뜻하면 할수록, 나는 기분이 더 좋습니다. (the weather, is, warmer, the, feel, better, I, the)
→ The warmer the weather is, the better I feel.

2 당신을 보면 볼수록, 나는 당신이 더 좋습니다. (the, you, see, the, more, I, more, I, you, like)
→ The more I see you, the more I like you.

Step 3 우리말 뜻에 맞게 주어진 단어를 사용해 문장을 만들어 보세요.

1 그녀는 생각하면 할수록, 더 화가 났습니다. (she, thought, angry, she, became)
→ The more she thought, the angrier she became.

2 우리가 높이 올라가면 갈수록, 더 추워집니다. (we, high, go up, it, becomes, cold)
→ The higher we go up, the colder it becomes.

Subject Words 빈칸에 들어갈 알맞은 단어를 쓰세요.

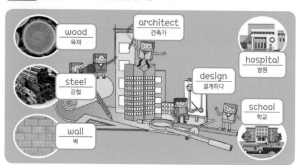

More Words 우리말에 맞도록 빈칸에 들어갈 알맞은 말을 보기 에서 찾아 쓰세요.

보기 sick   strong   study   rainbow   safe   playground

1 Alice will paint a ___rainbow___ on the wall.
Alice는 벽에 무지개를 그릴 것입니다.

2 The school will be ___safe___ and ___strong___.
그 학교는 안전하고 튼튼할 것입니다.

3 Alice and her friends will ___study___ and play at the school.
Alice와 그녀의 친구들은 그 학교에서 공부하고 놀 것입니다.

4 The hospital will have a big ___playground___.
그 병원에는 큰 놀이터가 있을 것입니다.

5 ___Sick___ children can play at the playground.
아픈 아이들은 그 놀이터에서 놀 수 있습니다.

Chapter 2 Architecture **11**

Grammar · Writing Link

접속사 if   만약 ~한다면

접속사 'if' 뒤에 주어와 동사를 쓰면 '만약 ~한다면'이라는 조건을 나타내는 문장을 만들 수 있어요. 조건의 문장이 미래의 일을 나타내지만 동사는 현재 시제를 씁니다.

Step 1 빈칸을 알맞게 채워 문장을 완성해 보세요.

1 만약 내가 건축가가 된다면, 나는 빨간색 지붕의 집을 지을 것입니다.
→ ___If___ I become an architect, I will build a house with a red roof.

2 만약 내가 건축가가 된다면, 나는 학교를 지을 것입니다.
→ ___If___ I become an architect, I will build a school.

Step 2 우리말 뜻에 맞게 괄호 안의 단어를 알맞은 순서로 배열해 보세요.

1 만약 내가 화가가 된다면, 나는 사람들을 그릴 것입니다. (I, paint, will, become, if, people, a painter, I)
→ ___If I become a painter, I will paint people.___

2 만약 당신이 넘어진다면, 내가 일으켜 줄 것입니다. (you, help, will, fall down, if, I, up, you)
→ ___If you fall down, I will help you up.___

Step 3 우리말 뜻에 맞게 주어진 단어를 사용해 문장을 만들어 보세요.

1 만약 내가 아프다면, 나는 지금 바로 집으로 갈 것입니다. (I, go, sick, I, home, now, am, will)
→ ___If I am sick, I will go home now.___

2 만약 우리가 함께 산다면, 나는 행복할 것입니다. (I, live, happy, we, be, together, will)
→ ___If we live together, I will be happy.___

12 Chapter 2 Architecture

Subject Words 빈칸에 들어갈 알맞은 단어를 쓰세요.

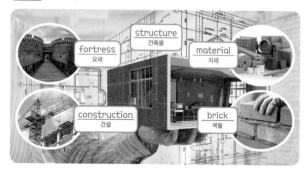

More Words 우리말에 맞도록 빈칸에 들어갈 알맞은 말을 보기 에서 찾아 쓰세요.

보기 several   tools   invented   along   great   dynasty

1 Hwaseong Fortress is from the Joseon ___dynasty___.
화성은 조선 왕조의 것입니다.

2 The fortress is special in ___several___ ways.
화성은 몇몇 방식으로 특별합니다.

3 People ___invented___ new ___tools___ for the construction.
사람들은 건축을 위한 새로운 도구들을 발명했습니다.

4 Today, many people walk ___along___ the fortress.
오늘날, 많은 사람들은 화성을 따라 걷습니다.

5 People see ___great___ history.
사람들은 위대한 역사를 봅니다.

Chapter 2 Architecture **13**

Grammar · Writing Link

동사 make   ~를 …하게 만듭니다

'make'는 '만듭니다'라는 뜻의 동사입니다. make 뒤에 목적어와 목적어의 상태를 설명하는 단어를 나란히 쓰면 '~를 …하게 만듭니다'라는 의미를 나타냅니다.

Step 1 빈칸을 알맞게 채워 문장을 완성해 보세요.

1 벽돌은 화성을 튼튼하게 만들었습니다.
→ Bricks ___made___ the fortress strong.

2 거중기는 건설을 쉽게 만들었습니다.
→ Geojunggi ___made___ the construction easy.

Step 2 우리말 뜻에 맞게 괄호 안의 단어를 알맞은 순서로 배열해 보세요.

1 그 나무는 정원을 아름답게 만듭니다. (beautiful, the garden, the tree, makes)
→ ___The tree makes the garden beautiful.___

2 그 영화는 나를 슬프게 만들었습니다. (the movie, sad, made, me)
→ ___The movie made me sad.___

Step 3 우리말 뜻에 맞게 주어진 단어를 사용해 문장을 만들어 보세요.

1 당신은 나를 행복하게 만듭니다. (happy, you, me)
→ ___You make me happy.___

2 과일은 우리 몸을 건강하게 만듭니다. (healthy, our bodies, fruits)
→ ___Fruits make our bodies healthy.___

14 Chapter 2 Architecture

UNIT 03 · Gaudi's Unique Architecture

Subject Words 빈칸에 들어갈 알맞은 단어를 쓰세요.

curve 곡선
park 공원
wavy 물결 모양의
tile 타일
line 선

More Words 우리말에 맞도록 빈칸에 들어갈 알맞은 말을 보기 에서 찾아 쓰세요.

보기 soft   waves   sandcastle   colorful   creative   fairy tale

1 Gaudi designed the church with ___soft___ curves.
가우디는 부드러운 곡선으로 교회를 설계했습니다.

2 The church looks like a large ___sandcastle___ .
그 교회는 큰 모래성처럼 보입니다.

3 Gaudi designed the park with ___colorful___ tiles.
가우디는 다채로운 타일로 공원을 설계했습니다.

4 The park looks like a land from a ___fairy tale___ .
그 공원은 동화 속 나라처럼 보입니다.

5 The wavy lines look like huge ocean ___waves___ .
그 물결 모양의 선들은 거대한 바다 파도처럼 보입니다.

6 These buildings are very ___creative___ .
이 건물들은 매우 독창적입니다.

Chapter 2 Architecture **15**

Grammar - Writing Link

look like   ~처럼 보입니다

'~처럼 보입니다'는 영어로 'look like'로 표현할 수 있어요. 이때 like는 '~처럼', '~같은'이라는 의미의 전치사이고, like 뒤에는 명사(구)가 옵니다.

Step 1 빈칸을 알맞게 채워 문장을 완성해 보세요.

1 그 교회는 큰 모래성처럼 보입니다.
→ The church ___looks___ ___like___ a large sandcastle.

2 그 공원은 동화 속 나라처럼 보입니다.
→ The park ___looks___ ___like___ a land from a fairy tale.

Step 2 우리말 뜻에 맞게 괄호 안의 단어를 알맞은 순서로 배열해 보세요.

1 당신의 눈은 별처럼 보입니다. (stars, look, your eyes, like)
→ Your eyes look like stars.

2 내 친구는 고양이처럼 보입니다. (a cat, my friend, like, looks)
→ My friend looks like a cat.

Step 3 우리말 뜻에 맞게 주어진 단어를 사용해 문장을 만들어 보세요.

1 그 물고기는 뱀처럼 보입니다. (the fish, a snake)
→ The fish looks like a snake.

2 그 나뭇잎들은 아기의 손처럼 보입니다. (the leaves, a baby's hands)
→ The leaves look like a baby's hands.

16 Chapter 2 Architecture

UNIT 04 · Different Types of Pyramids

Subject Words 빈칸에 들어갈 알맞은 단어를 쓰세요.

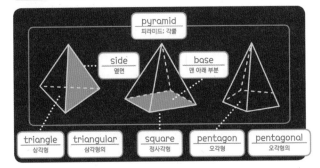

pyramid 피라미드; 각뿔
side 옆면
base 맨 아래 부분
triangle 삼각형
triangular 삼각형의
square 정사각형
pentagon 오각형
pentagonal 오각형의

More Words 우리말에 맞도록 빈칸에 들어갈 알맞은 말을 보기 에서 찾아 쓰세요.

보기 shapes   look around   glass   various   museum   similar

1 Think of the ___glass___ pyramid in the Louvre ___museum___ .
루브르 박물관에 있는 유리 피라미드를 떠올려 보세요.

2 The pyramids look ___similar___ .
그 피라미드들은 비슷하게 생겼습니다.

3 There are ___various___ types of pyramids.
다양한 종류의 피라미드들이 있습니다.

4 The ___shapes___ of pyramids' bases are different.
피라미드들의 밑면의 모양들은 다릅니다.

5 Now ___look around___ you.
이제 당신의 주변을 둘러보세요.

Chapter 2 Architecture **17**

Grammar - Writing Link

Think of ~   ~을 생각해 보세요, ~을 떠올려 보세요

'Think of ~'는 '~을 생각해 보세요', '~을 떠올려 보세요'라는 뜻으로, 어떤 대상이나 상황에 대해 생각하도록 권할 때 쓰는 표현입니다. Think of 다음에는 명사(구)가 옵니다.

Step 1 빈칸을 알맞게 채워 문장을 완성해 보세요.

1 이집트에 있는 거대한 피라미드 중 하나를 떠올려 보세요.
→ ___Think___ ___of___ one of the Great Pyramids in Egypt.

2 루브르 박물관에 있는 유리 피라미드를 떠올려 보세요.
→ ___Think___ ___of___ the glass pyramid at the Louvre Museum.

Step 2 우리말 뜻에 맞게 괄호 안의 단어를 알맞은 순서로 배열해 보세요.

1 숫자 하나를 생각해 보세요. (a number, think of)
→ Think of a number.

2 더운 여름날을 떠올려 보세요. (a hot summer day, think of)
→ Think of a hot summer day.

Step 3 우리말 뜻에 맞게 주어진 단어를 사용해 문장을 만들어 보세요.

1 새로운 아이디어를 생각해 보세요. (a new idea)
→ Think of a new idea.

2 밤바다를 떠올려 보세요. (the sea, at night)
→ Think of the sea at night.

18 Chapter 2 Architecture

UNIT 01 과학 🧪 Water and Ice

Subject Words 빈칸에 들어갈 알맞은 단어를 쓰세요.

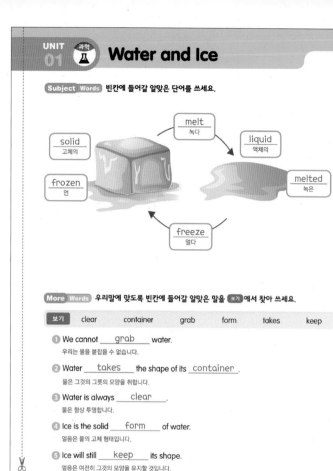

- melt 녹다
- solid 고체의
- liquid 액체의
- frozen 언
- melted 녹은
- freeze 얼다

More Words 우리말에 맞도록 빈칸에 들어갈 알맞은 말을 보기에서 찾아 쓰세요.

보기 | clear | container | grab | form | takes | keep

1. We cannot ___grab___ water.
   우리는 물을 붙잡을 수 없습니다.
2. Water ___takes___ the shape of its ___container___.
   물은 그것의 그릇의 모양을 취합니다.
3. Water is always ___clear___.
   물은 항상 투명합니다.
4. Ice is the solid ___form___ of water.
   얼음은 물의 고체 형태입니다.
5. Ice will still ___keep___ its shape.
   얼음은 여전히 그것의 모양을 유지할 것입니다.

Grammar - Writing Link

make A from B B로 A를 만듭니다

'B로 A를 만듭니다'는 영어로 'make A from B'로 표현할 수 있습니다.

Step 1 빈칸을 알맞게 채워 문장을 완성해 보세요.

1. 우리는 물로 얼음을 만들 수 있습니다.
   → We can ___make___ ice ___from___ water.
2. 우리는 얼음으로 물을 만들 수 있습니다.
   → We can ___make___ water ___from___ ice.

Step 2 우리말 뜻에 맞게 괄호 안의 단어를 알맞은 순서로 배열해 보세요.

1. 우리는 우유로 치즈를 만듭니다. (cheese, we, milk, make, from)
   → We make cheese from milk.
2. 우리는 나무로 종이를 만듭니다. (make, from, we, trees, paper)
   → We make paper from trees.

Step 3 우리말 뜻에 맞게 주어진 단어를 사용해 문장을 만들어 보세요.

1. 나는 밀가루와 우유로 이 케이크를 만들었습니다. (this cake, and, flour, I, milk)
   → I make this cake with flour and milk.
2. 사람들은 플라스틱으로 많은 것들을 만듭니다. (plastic, people, many things)
   → People make many things from plastic.

UNIT 02 사회 🌐 The Arctic and the Antarctic

Subject Words 빈칸에 들어갈 알맞은 단어를 쓰세요.

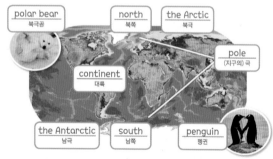

- polar bear 북극곰
- north 북쪽
- the Arctic 북극
- pole (지구의) 극
- continent 대륙
- the Antarctic 남극
- south 남쪽
- penguin 펭귄

More Words 우리말에 맞도록 빈칸에 들어갈 알맞은 말을 보기에서 찾아 쓰세요.

보기 | average | dry | do research | cold | stay | desert

1. The Arctic is very ___cold___.
   북극은 매우 춥습니다.
2. The ___average___ temperature is from -24°C to 0°C.
   평균 기온은 섭씨 영하 24도부터 0도까지입니다.
3. The Antarctic is the largest ___desert___ on Earth.
   남극은 지구에서 가장 큰 사막입니다.
4. The Antarctic is very cold and ___dry___.
   남극은 매우 춥고 건조합니다.
5. People visit the Antarctic and ___do research___ there.
   사람들은 남극을 방문하여 그곳을 조사합니다.
6. People ___stay___ in the Antarctic from about November to February.
   사람들은 약 11월부터 2월까지 남극에 머무릅니다.

Grammar - Writing Link

from A to B A부터 B까지

'from A to B'는 'A부터 B까지'라는 의미예요. 주로 장소, 기온, 시간 등의 시작점부터 끝 지점까지의 범위를 나타내는 표현입니다.

Step 1 빈칸을 알맞게 채워 문장을 완성해 보세요.

1. 평균 기온은 섭씨 영하 24도부터 0도까지입니다.
   → The average temperature is ___from___ -24°C ___to___ 0°C.
2. 사람들은 약 11월부터 2월까지 남극에 머무릅니다.
   → People stay in the Antarctic ___from___ about November ___to___ February.

Step 2 우리말 뜻에 맞게 괄호 안의 단어를 알맞은 순서로 배열해 보세요.

1. 나는 월요일부터 금요일까지 학교에 갑니다. (from, go to, school, Monday, Friday, I, to)
   → I go to school from Monday to Friday.
2. 그 식당은 다섯 시부터 열 시까지 문을 엽니다. (five, open, to, the restaurant, from, is, ten)
   → The restaurant is open from five to ten.

Step 3 우리말 뜻에 맞게 주어진 단어를 사용해 문장을 만들어 보세요.

1. 나의 집에서 학교까지 십분이 걸립니다. (it, 10 minutes, my home, takes, school)
   → It takes 10 minutes from my home to school.
2. 우리는 여기서부터 저기까지 달릴 것입니다. (run, we, here, there, will)
   → We will run from here to there.

UNIT 03 미술 Winter Festivals

Subject Words 빈칸에 들어갈 알맞은 단어를 쓰세요.

festival 축제
carnival 축제
sculpture 조각품
activity 활동
fishing 낚시
sledding 썰매타기
light 빛, (빛을) 비추다 | 참고 과거형 lit

More Words 우리말에 맞도록 빈칸에 들어갈 알맞은 말을 보기 에서 찾아 쓰세요.

보기 hold   fun   enjoy   figures   historical   vivid

1 Many countries ___hold___ festivals in winter.
많은 나라들이 겨울에 축제를 엽니다.

2 People can see ___historical___ buildings made of ice.
사람들은 얼음으로 만들어진 역사적인 건물들을 볼 수 있습니다.

3 People can see famous ___figures___ made of ice.
사람들은 얼음으로 만들어진 유명한 인물들을 볼 수 있습니다.

4 The lights are very ___vivid___ and colorful.
그 빛들은 매우 선명하고 다채롭습니다.

5 The festival has ___fun___ winter activities.
그 축제에는 재미있는 겨울 활동이 있습니다.

6 People ___enjoy___ ice fishing.
사람들은 얼음낚시를 즐깁니다.

Chapter 3 Ice **23**

Grammar - Writing Link

take place 개최됩니다, 열립니다

'개최됩니다', '열립니다'는 영어로 'take place'로 표현할 수 있어요. 이 표현은 주로 미리 준비되거나 계획된 일이 일어날 때 씁니다.

Step 1 빈칸을 알맞게 채워 문장을 완성해 보세요.

1 이 눈 축제는 일본 삿포로에서 개최됩니다.
→ This snow festival ___takes___ ___place___ in Sapporo, Japan.

2 이 축제는 중국 하얼빈에서 열립니다.
→ This festival ___takes___ ___place___ in Harbin, China.

Step 2 우리말 뜻에 맞게 괄호 안의 단어를 알맞은 순서로 배열해 보세요.

1 축구 경기는 독일에서 개최될 것입니다. (the soccer game, will, in Germany, take place)
→ The soccer game will take place in Germany.

2 축제는 매년 그 섬에서 열립니다. (on the island, takes place, every year, the festival)
→ The festival takes place on the island every year.

Step 3 우리말 뜻에 맞게 주어진 단어를 사용해 문장을 만들어 보세요.

1 학교 축제는 매년 봄에 열립니다. (the school festival, every spring)
→ The school festival takes place every spring.

2 모임은 이 건물에서 개최될 것입니다. (the meeting, in this building, will)
→ The meeting will take place in this building.

24 Chapter 3 Ice

UNIT 04 수학 Which Piece of Ice Is Bigger?

Subject Words 빈칸에 들어갈 알맞은 단어를 쓰세요.

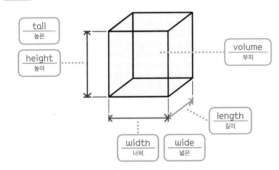

tall 높은
height 높이
volume 부피
length 길이
width 너비
wide 넓은

More Words 우리말에 맞도록 빈칸에 들어갈 알맞은 말을 보기 에서 찾아 쓰세요.

보기 multiply   compare   therefore   result   piece   received

1 Jenny and Eric each ___received___ a ___piece___ of ice.
Jenny와 Eric은 각각 얼음 한 조각을 받았습니다.

2 How do we ___compare___ the pieces of ice?
우리는 그 얼음 조각들을 어떻게 비교할까요?

3 ___Multiply___ width, length, and height.
너비, 길이, 높이를 곱하세요.

4 The ___result___ is the volume.
그 결과가 부피입니다.

5 ___Therefore___, Jenny's piece of ice is bigger.
그러므로, Jenny의 얼음 조각이 더 큽니다.

Chapter 3 Ice **25**

Grammar - Writing Link

seem (~인 것처럼) 보입니다, ~인 것 같습니다

'seem'은 '(~인 것처럼) 보입니다', '~인 것 같습니다'라는 뜻의 동사예요. seem 뒤에는 주어의 상태를 설명하는 형용사나 명사를 씁니다.

Step 1 빈칸을 알맞게 채워 문장을 완성해 보세요.

1 Jenny의 얼음 조각이 Eric의 것보다 높아 보입니다.
→ Jenny's piece of ice ___seems___ taller than Eric's.

2 Eric의 얼음 조각이 Jenny의 것보다 넓어 보입니다.
→ Eric's piece of ice ___seems___ wider than Jenny's.

Step 2 우리말 뜻에 맞게 괄호 안의 단어를 알맞은 순서로 배열해 보세요.

1 당신은 행복해 보입니다. (seem, you, happy)
→ You seem happy.

2 당신의 티셔츠는 커 보입니다. (large, your T-shirt, seems)
→ Your T-shirt seems large.

Step 3 우리말 뜻에 맞게 주어진 단어를 사용해 문장을 만들어 보세요.

1 Tom은 슬퍼 보입니다. (Tom, sad)
→ Tom seems sad.

2 새로운 선생님은 좋으신 것 같습니다. (nice, the new teacher)
→ The new teacher seems nice.

26 Chapter 3 Ice

55